本屋のない人生なんて

三宅玲子

光文社

装画
小池アミイゴ
装幀
櫻井久、鈴木香代子（櫻井事務所）
写真
仙波 理（一章、五章）、
長坂芳樹（七章・双子のライオン堂）、
RICA（終章）、
著者（他全て）

本屋のない人生なんて　目次

本屋のない人生なんて

三宅玲子

序章

渇望

留萌ブックセンターby三省堂書店
北海道留萌市南町4丁目73-1
マックスバリュ留萌店　別棟

1

四月だというのにその日は雪がちらついた。地元の人は五月の連休が明けるまではスタッドレスタイヤを外さないという。

タクシーがゆったりとした坂道を上り詰めると、眼前に広がる日本海の水平線の下に、まん丸な赤い夕陽が沈もうとしていた。ここは北海道の西端、留萌《るもい》の黄金岬《おうごんみさき》だ。

美しい地名はルルモッペ（潮の静かに入るところ）というアイヌの言葉に由来する。にしん漁により拓《ひら》けたこの地には明治期に早くも鉄道留萌本線が開通し、続いて昭和初期には、豊富な石炭や木材を運び出すために近代的な建設技術を用いた留萌港が竣工した。

「昔は正月ともなると、新年を祝う人たちがこの坂道をぎっしりと埋め尽くしたものですよ」

問わず語りに運転手が言う。市街地から黄金岬へと続く坂道にはデパートや書店、洋菓子店、洋品店が軒を並べ、市内に書店は五軒、映画館は六館。港町らしく、料亭やキャバレー、芸者の置屋まであったという。

人口は一九六七（昭和四二）年の約四万二千人をピークに減少の一途をたどり、現在は約二万人。繁栄の象徴だったデパートは閉店して久しい。ボウリング場だった建物は閉鎖されてもなお屋上にピンの形のシンボルを担いでいる。歩く人がまばらなかつての市街地を、海風がうなるように吹き抜ける。

二〇〇〇年代に入ると、この町に五店あった書店がぽつぽつと店じまいを始める。そして二〇一〇（平成二二）年十二月、最後の書店が倒産した。

札幌駅で旭川行きの特急オホーツク号に乗り込んだのは、二日前の午後だった。ホームを滑り出た列車が札幌から離れるに連れて建物の間隔が間遠になり、平原が見渡せるようになった。東京ではすでに桜が散ってつつじが蕾《つぼみ》を膨らませていたが、眼前では遠い山肌が雪で覆われている。

一時間ほどで五つめの停車駅深川に着いた。ひと気のないホームでしばらく待ち、一両編成の留萌本線に乗り換えた。同乗者は出張者らしき中年男性、高齢の女性、そしてギターを担いだ若者。

車窓の景色は荒々しくなっていく。枝を落とした原生林の麓《ふもと》は、雪を見慣れない目には真冬のよう。無人駅で降りる人はいても乗ってくる人はいない。

上り坂はトンネルに入った。小さなタイルで覆われた古い壁面が、かつて厳しい自然を切り拓いた人たちの姿を想像させた。

深川駅から留萌駅まで五十・一キロ。私は終着駅留萌に書店を訪ねようとしていた。

その書店について耳にしたのは、二〇二〇（令和二）年秋、静岡県掛川市に高久《たかく》書店を訪れたときだった。店主の高木久直《ひさなお》は地元の中堅書店チェーンのエリアマネージャーを四十八歳で退職して開業したばかりだった。その日、掛川城の麓に鮮やかな青い看板を掲げる店が高校生や地元の人たちで賑《にぎ》わう様子を、店の隅から半日ほど眺めた。そして、とっぷりと日が暮れた取材の終わりがけ、高木は私にこう尋ねた。留萌ブックセンターを知っていますか。

そして間髪いれずにこう続けた。

「あなた、この取材をしているなら留萌ブックセンターに行かないと駄目ですよ」

高木によれば、北海道の留萌市で最後の書店が店を閉じてから、市民が誘致運動をしてできた書店だという。

「店長さんがものすごく頑張っていて、町の人たちがボランティアで店を手伝ってるんですよ」

こう話した高木が、実は勤務していた書店を辞める直前に留萌を訪ね、独立を決心していたことを、私はのちに留萌で聞くことになる。

2

独立書店を訪ねる取材は二〇一九（令和元）年秋に始まった。オンラインニュースメディアでの連載はそろそろ一年が経《た》とうとしていた。その間に訪れた十軒ほどの書店は、主がひとりで営む店、夫婦で書店とカフェを商う店、十数人の書店員が働く地域の一番店など、ひとつとして同じ形態はなかった。他県から足を運ぶファンもいる選書に特徴のある書店があれば、小さな子どもから老人まであらゆる世代に親しまれる書店もあった。本という商品は、どこで買っても中身は変わらない。しかもものによってはかさばるし、重いものだ。自宅まで届けてくれるアマゾンで買えば手間いらずなのに、わざわざ通ってくる客がいる。

書店には本を買うだけにとどまらない何かがある、そのことを考えないわけにはいかなかった。その場所を維持するためにボランティアまで組織されたという留萌ブックセンターには、書店がなぜ求められるのかの答えを探すヒントがあるかもしれないと思った。

掛川から戻り、留萌に電話をかけたのは、十一月のことだった。店長は、私が九州の出身だと伝えると、積雪する冬の間は来ない方がいいと告げた。そろそろ雪が降り始める。そして三月の雪解けまで一メートル近い雪が降り込めるのだと説明する店長の低い声を受話器越しに聴きながら、まだ訪ねたことのない雪の町を想像した。こうして冬をやり過ごして春を待ち、今、留萌にたどり着こうとしていた。

「遠いところをようこそ」

駅に降り立つと、店長の今《こん》拓己が待ってくれていた。小柄でがっしりとした身体《からだ》に青いエプロンが決まっている。

留萌駅から東へ約三キロ、留萌ブックセンターは、車が百台は止められそうな駐車場のある国道沿いのショッピングセンターの一角だった。在庫十万冊という店内は百五十坪。店に入るとまず新刊が平積みにされた台があり、雑誌とコミック、文庫の棚。奥には単行本、新書、学習参考書、児童書と全てのジャンルを揃えている。レジそばの春の園芸を特集した棚は、雪の降り積もるこの土地の人たちの、新しい季節を待ち望む気持ちを反映しているのだろう。

「よくいらっしゃいました」

事務所で今《こん》の妻美穂子が熱いお茶を勧めてくれた。

「東京はもう暖かい頃でしょうか。それに比べたらこっちは寒いでしょう。でも、私たちも前には東京に暮らしましたけど、やっぱり留萌がいいねえって話すんです」

今《こん》と美穂子は道立留萌高校の卒業生だという。二人が高校生だった一九七〇年代は、地方の若者は貴重な戦力で、都市部から多くの企業が地方の中学や高校にリクルートに来ていた。一九四九（昭和二四）年生まれの今《こん》と二歳年下の美穂子は、ともに東京の住宅設備販売会社に就職した。高校時代には面識がなかったふたりは、会社で知り合い交際を始める。結婚して子どもが生まれ、今《こん》が三十歳のときに故郷に戻った。

現在、美穂子は留萌ブックセンターで経理を担当するパート社員だ。そしてこの店は、留萌ブックセンターという名前ではあるが、東京・神田神保町に本店を構える三省堂書店の支店だ。今《こん》が個人事業主として三省堂書店と契約し、美穂子をはじめ六人のパート社員は今《こん》と契約して働いている。

二〇一一（平成二三）年夏の開業時から今《こん》は店長を務め、十年を迎える。その十年を今《こん》はしみじみとこう振り返った。

「ほんとにね、『応援し隊』の人たちのおかげ。あの人たちが誘致してできたこの本屋を大事にしなかったらとんでもないこと。あの人たちから預かった本屋をなくしてはいけないという思いでやってきたよねえ」

だが今《こん》は、帰郷してすぐに書店員になったのではなかった。

稼ぎを得るためまずトラックのハンドルを握った。運送会社で働きながら毎日のように本屋に通い、資格取得参考書から思想書、哲学書、自己啓発本までじっと棚を眺めた。そのうちに、自分が本のある空間にいることが好きなのだと気づく。そういえば、東京でも休みの日に神田神保町の古書街に足を運んだものだった。

ある日、今《こん》は本屋の片隅に求人の張り紙を見つけ、すぐに履歴書を出して採用された。仕事は学校や官公庁、美容室、病院、家庭への本の販売や配達を行う外商だ。今《こん》は百科事典のセールスで力を発揮した。

「車の後ろに百科事典を積んでまず友達の家に行ったんだよね。小さな子どもがいたから、子どもの勉強に役立てばって、買ってくれた。親心だよね。そのうちに、うちもほしいわ、って声をかけてもらうようになった。住宅街で、車の後ろの扉を開放して、手に取って事典を見てもらえるように工夫したこともあった。そうやっていたら、バンバン売れるようになったのさ」

百科事典が一般家庭に普及し始めたのは昭和三十年代。応接間の本棚に飾るのはステータスだった。留萌では今《こん》のセールスにより百科事典の売上が急伸し、今《こん》は出版社からトップセールス書店員として褒賞され、東京ドームのプロ野球観戦旅行に招待された。だがその後、一九九〇（平成二）年にはブリタニカ百科事典が売上のピークを迎え、パソコンやインターネットの普及とともに百科事典ブームは終わる。

北海道は北海道庁により十四の行政区域に分けられている。そのひとつ、留萌振興局は留萌市に置かれ、北海道の西岸を管轄する。留萌市には他にも陸上自衛隊留萌駐屯地や市立病院があり、人口のおよそ二割を公務員が占める。官公庁向けの定期刊行物や、医療業界の専門誌、専門書など、本の配達へのニーズがあり、外商の仕事は忙しかった。今《こん》は学校の職員室にほとんどフリーパスで出入りして本を届けた。二〇〇〇年代に入り、インターネットの影響で外商の注文が減ってきたと感じてはいたが、今《こん》は専ら店の外を走り回っていたため、会社の内情にうとかった。そしてある朝、書店主は今《こん》を含む書店員たちに淡々と倒産を告げた。

「資金繰りが悪くなってるのは感じてたのさ。それはこういうことよ。取次《とりつぎ》から本が届くでしょう。届いた本はそのまま買い取るわけじゃなく、返品可能な委託販売なんだけど、届いた本の分は一旦支払うのが決まりなわけ。だけど、本がだんだん売れなくなっていくと、支払いが滞っていくのさ。売れないことがわかっているから、取次からは話題の本やベストセラーといった売れ筋は送られてこなくなる。悪循環で、ほしい本がないとなると、お客さんも遠のくよね。最後の方は、正直言って、棚はスカスカになってたと思うよ」

出版業界には一般の流通とは異なる独自の商慣習がある。書店は書籍や雑誌などの商材を原則として「取次」と呼ばれる卸業から仕入れる。その仕入れの際、書店は取次から「買い取る」のではなく、委託販売という方法を取る。一定期間内であれば書店は売れなかったものを返品することができるシステムだ。委託販売とはいえ、仕入れた商材については一旦支払いをしなくてはならない代わりに、返品した商材については返金される。今《こん》が勤めていた書店では、支払いが滞ったために、取次業者が徐々に売れ筋の本を配本しなくなっていったという話だった。

二〇一〇（平成二二）年十二月、留萌の町から最後の本屋が消えた。昭和初期にこの町に初めてできたいちばん古い書店だった。

3

市街地から留萌ブックセンターのある方角とは反対に西へ向かって坂道を上ると、小高い丘に留萌市役所がある。簡素な市庁舎からは日本海に面した入江とその先の山々が見える。

滞在二日目、副市長の渡辺稔之を訪ねた。

渡辺は留萌市に出向している北海道庁職員だ。十年前に留萌市で最後の書店が倒産したとき、渡辺は留萌振興局農政部の課長として留萌に赴任中だった。

副市長室で迎え出た渡辺は、ぱりっとした身だしなみの恰幅《かっぷく》のよい紳士だった。あの頃、町から書店がなくなることが気がかりだったと言い、「もう時効でしょうから」という言葉とともに、渡辺は十年前のきっかけを話し始めた。

「私自身、オホーツク海に面した紋別《もんべつ》郡の滝上町《たきのうえちょう》という小さな町で育ちました。子どもの頃、町の小さな本屋では手に入れられる本に限りがありました。それでも、本屋があって助かりましたので、町に本屋があることのありがたさをよく知っています。町から本屋がなくなったら子どもたちは本を自分で選んで買う楽しみがなくなります。参考書を買うのだって困るでしょう。

アマゾンがあるじゃないかという人もいる。もちろんそうなのですが、実際にほしい本を自分で探して、自分で手にとって、自分で選ぶことのできる空間があるのとないのとでは、長い目で見たときに影響は大きいと思うんです」

渡辺は忘年会の二次会で気がかりを振興局長に打ち明けた。すると、思いがある者が行動せよと、局長の特命により、畑違いでありながら書店の誘致プロジェクトを進めることになった。渡辺は、どうせなら全国展開している書店を誘致しようと、札幌に出店している大手書店グループへのアタックを始めた。だが立て続けに電話口で断られた。唯一、「現場を見ないとわからない」と応じてくれたのが、三省堂書店札幌店だった。

誘致活動を始めるにあたり、渡辺は仲間と出会った。一人は市立留萌図書館館長の伊端隆康だ。伊端は地元紙留萌新聞で長く記者を務めたあと、NPO法人の職員に転じ、勤務先のNPO法人が運営を受託した図書館の館長職に就《つ》いていた。伊端は図書館を預かる立場から、本屋がなくなることを危惧した。北海道新聞の留萌支局長と三人で開いた作戦会議で、伊端が「市民運動の形をとってはどうか」と提案した。背広を着た役人からの四角四面なアプローチより、草の根の市民からの要望の方が三省堂の心を動かすはずだと企《たくら》んだ。

地元の動向に詳しい渡辺の部下の進言により、一人の女性を市民運動のリーダーに口説いた。その人、武良《むら》千春は獣医の夫の転勤にともない道内のあちこちに暮らした。三人の娘はのちに一人が図書館司書、一人が書店員になったほどの本好き一家で、道内で書店のない町に住んでいた頃には旭川の実家に戻るたびに書店で本を箱買いした。ママ友たちと本の読み聞かせのサークル活動をした経験もあった。町から本屋がなくなることに信じられないという思いがあった武良は「三省堂書店を留萌に呼び隊」代表を引き受けた。

年が明けると、三省堂書店札幌店店長の横内正広が視察にやってきた。留萌振興局の庁舎の隣にある市立留萌図書館に立ち寄った横内を迎えた館長の伊端は、新学期を迎える子どもたちのために参考書の出張販売をしてくれないかと相談した。伊端の所属するNPO法人は、留萌市教育委員会から参考書販売をするように打診されていて、プロの三省堂書店に任せた方が早いと伊端は考えたのだったが、このことは横内が今《こん》と出会うきっかけをもたらす。

三月、中心街の一角に三省堂による参考書出張販売のブースが開設され、今《こん》はパートとして働くことになった。届いたばかりの新しい本を中学生や小学生に手渡す。それは未来に関わる仕事でもある。三カ月ぶりに本を売る仕事ができることが今《こん》はうれしかった。

「これからの六週間、人生で見ればほんの一瞬だけど、精いっぱい本を売ろう」

今《こん》はスタッフにこう声をかけ、仕事に熱中した。すると、孫を連れてきた祖父母たちから「大人の読む本はないのかい」という声があがった。求めに応えて今《こん》は自宅から札幌店にファックスで注文を送り、数百冊を売り上げた。

一方の呼び隊は三省堂書店の関係者に陳情を重ねたが、三省堂書店側は「経営はボランティアではできない」と慎重な姿勢を崩さない。三省堂書店の新規出店に関する内規には、「人口三十万人以上」とある。人口だけ見れば留萌市は到底引っかからないのだ。

そこで呼び隊は留萌市民に「クラブ三省堂」というポイントカードの申し込みを募る作戦を立てた。一カ月で留萌市の人口の一割を超える二千五百人の申込書を集め、陳情書とともに三省堂書店に手渡した。北海道新聞留萌支局長は呼び隊の活動を刻々と記事にして援護射撃をした。

だが、渡辺は留萌市民の冷ややかな反応に遭遇する。

「あるとき、飲み屋で知らない人たちが、どうせ無理でしょ、と口々に言うのが聞こえたんです。正直言って、心が折れそうになりました」

庁内では農政部の課長がなぜ畑違いの活動をするのかと冷たい風が吹いた。留萌市長も積極的な姿勢を見せることはなかった。

それでも呼び隊が奔走し、三省堂書店の出張販売が終わる四月下旬には、八千人の申込書を集めた。

徐々に態度が軟化した三省堂書店に対し、留萌振興局はここぞとばかりに包括連携協定を提案した。地域密着型のブックフェアをはじめとするイベントの実施など、本を媒介に両者が協力しあって留萌市の繁栄に寄与しよう、という内容だ。留萌市も重い腰を上げた。総務省の地域振興予算を獲得し、雇用や店舗改修のための補助金を捻出したのだ。

連休明け、渡辺は三省堂書店札幌店店長の横内から、出店を決めたとの電話を受け、一カ月後には今《こん》が札幌店に呼び出された。留萌に出店するにあたり責任者になってほしいと横内に告げられ、今《こん》は熱いものがこみ上げた。また本屋の仕事ができるのだ。その日のことを夫婦はしみじみと振り返ったが、不思議とその記念すべき日の夜をどう過ごしたかはうろ覚えだった。美穂子は「家で乾杯したよねえ」、今《こん》は「いや、確か、面会が終わって外に出るとすぐに一杯飲んだ気がする」と言い、ふたりは顔を見合わせて笑った。どちらにせよ、夫婦はその夜、祝杯をあげた。そして二〇一一（平成二三）年七月、留萌ブックセンターは開業した。

朝七時半、がらんとした店内にエプロン姿の今《こん》がいた。取次から早朝にトラックで届けられた十箱ほどの段ボールを黙々と荷ほどきしている。段ボールには、雑誌、新刊書籍、客の注文をもとに取り寄せた書籍雑誌類が入っている。店頭に並べる新刊分、客注分、配達分に分けて、帳簿にペンで記録していく。八時になるとパートの東條小百合が出勤した。東條は雑誌を一冊ずつ紐で縛り、並べていく。九時前に作業を終えた東條が店を出ると、入れ違いに早番のパート、平田静香と宮田志津が出勤し、レジを準備して掃除を済ませた。店内に貼られたフェアの告知やポスターは、パート社員澤口ひろみが趣味の絵の腕を生かして描いている。

十時の開店と同時に数人の来店客があった。年配の男性は地図のコーナーで吟味している。赤ちゃんを抱いた若い女性は文庫本の棚の前に立った。配達途中の息抜きなのか、作業服姿の中年男性が雑誌コーナーでページをめくり始めた。平日は混雑するというほどではないが、広い店内では常に誰かが本を眺めている。

夕方、若い母親が小学生と保育園に通うくらいの子どもを連れてやってきた。人気のキャラクターすみっコぐらしの棚の前から動かない子どもたちを急《せ》かして母親がレジにきた。渋々と従った子どもたちにレジの中から平田が「はい、これ、どうぞ」とサービスの駄菓子を差し出し、二人ははにかみながら受け取った。

そこへ、レジに電話がかかってきた。それは札幌の病院に入院した常連客からの注文だった。アマゾンで買える本をわざわざ地元の本屋に頼む。平田をはじめスタッフの受け答えは少しゆっくりしていてあたたかい。聞けば、三省堂書店の電話応対マニュアルに沿ってトレーニングを受けているが、なんとなく、それぞれの個性が表れるやり方に収まったという。マニュアルからはみ出すぬくもりも含めて、留萌の人たちに喜ばれるやり方を探してきたのだろう。

朝、滞在中のホテルの前で私を乗せたタクシーの運転手は、私が留萌ブックセンターの取材にきていると知るとこんな話をしてくれた。

「うちの息子がさ、高校生なんだけどさ、ボイラーの試験受けるのに、本屋さんで参考書とか問題集とか選べて助かったよお。七冊ぐらい買ったもんなあ」

そして、あの本屋がなかったらほんとに俺たちは困るんだと運転手は身を乗り出すようにして後部座席の私を振り返った。翌朝、再び乗ったタクシーで行き先を告げると、高齢の運転手が、一瞬わからないという表情をしたあと、「ああ、本屋さんね」と笑顔で車を発進させた。町に唯一の書店は、親しみを込めて「本屋さん」と呼ばれている。

4

留萌から戻り、東京・神田神保町の三省堂書店本店を訪ねた。札幌店店長だった横内は東京本店で常務取締役となり、営業責任者を務めていた（現在は顧問）。三省堂書店の内部では出店までにどのような経緯があったのかを聞きたかった。

横内は時折資料を示しながら詳細に振り返った。そして取材が終わりに近づいた頃だった。

「あれは本当に予想外でした」

そう漏らした横内は、腕組みをして、もう一度同じ言葉を繰り返した。

「確かに私はオープンする際に留萌の人たちにお伝えしました。二、三年経って赤字になったら撤退することもあり得る、と。書店経営はボランティアではない。そこだけは勘違いしてほしくないという思いがありましたから。でも、まさか……」

横内が感嘆したのは、三省堂書店を誘致した人たちが十年経った現在も応援活動を継続していることだった。

「呼び隊」は「留萌ブックセンターを応援し隊」に名前を変え、書店の運営をサポートしていた。

開店した年は、人手が足りず、朝の荷ほどき作業を応援し隊がボランティアで手伝った。

数年前に始まった子どもが子どもに読み聞かせをする会「こどもたちによるこどものためのお話会」では、元中学校長の半澤豊秀をはじめとする応援し隊の大人たちが締めの紙芝居を熱演する。

毎月決まった夜には大人のための朗読会を応援し隊が企画する。この会を目当てに、夕食もそこそこにやってくる常連たちがいる。

作戦会議は、店長の今《こん》と留萌振興局の職員を交えて今も毎月行われている。

毎月十五日には中心街のバス停そばで出張販売を行う。年金受給のために街へ出てくる高齢者が本を手にとる機会をつくるためだ。私が四月に留萌を訪ねた際には、半澤が出張販売を切り盛りしていた。シニア向けに二百冊ほどを今《こん》が見繕《みつくろ》って搬入し、半澤が販売する。出張販売を半澤に任せられるため、今《こん》は通常の業務を止めずにすむ。

よく晴れたその日、早々に設営の整った売り場で半澤が今《こん》とのある出来事について話してくれた。それは半澤が教師として担任を受け持っていた頃の話だった。

「理科の授業で塩酸を使った実験をするのに、前日の夕方になって理科準備室にあったはずの塩酸のストックがないことに気づいたんですよ。それで、今《こん》さんに困ったとこぼしたところ、今《こん》さんが留萌市内の中学校や高校を訪ね回ってくれて、夜九時頃に、見つかったよーって、届けてくれたんです。そのときのありがたさといったら」

半澤は表情を崩した。

その出来事のあと、半澤は留萌市内外の複数の中学に校長として赴任し、定年後は生まれた場所でもある隣町の増毛町《ましけちょう》で市民大学の事務局長を務めた。今《こん》が留萌ブックセンターの店長となり頑張る様子を風の便りに聞くにつけ、いつか自分も力になりたいと思っていたという。四年前にリタイアし、応援し隊に加わった。

「今《こん》さんはほんと、頑張ってますよ。あの人は浜の子だね」

半澤によれば、同じ北海道育ちでも、海のそばで育った浜の子どもは気性が激しく、情が深い。山の方で育った山の子どもは割に静かで根気強い。今《こん》の本を売る強い思いに、浜の子らしさを感じるという。

この十年で留萌管内におけるクラブ三省堂の会員数は一万七千人になった。市の人口のほとんど九割に届く加入率だ。

市立留萌図書館と留萌ブックセンターでは連携して、子どものためのスタンプカードをつくっている。子どもたちはどちらに行ってもスタンプを押してもらえ、十個たまるとキャラクターグッズがもらえるなどのお楽しみがある。本のある場所は楽しいところだと子どもたちに伝えるための工夫だ。

図書館長の伊端は、「なぜ図書館が本屋を応援するのか」と聞かれると戸惑うという。

「図書館と本屋は役割が違います。他にも本屋があるのなら利益供与になってしまうけど、町にひとつしかない本屋を図書館が応援するのは当たり前のことなんですよ」

二〇一六（平成二八）年、札幌で働いていた息子の今《こん》真人がアルバイト社員に加わった。はじめは父の仕事を見て覚えるので精いっぱいだったが、最近は自分でも企画を立てる。休日には旭川や札幌まで車を走らせ書店巡りをし、他店の棚づくりを学ぶ。

たまの休みには酒を飲んでプロ野球を見ている姿しか父の記憶はなかった。これほど本を売る仕事に賭けていると知ったのは、一緒に働き始めてからだという。

「驚いたのは、父がこんなに本が好きだったのかということです。父は年齢のこともありますし体調が心配ですので、朝早く出勤する分、午後は長めに休憩をとるようシフトを組んでいます。でも、休憩時間も事務所でずっと本を読んでいるんですよね」

真人は父よりも長くこの留萌で生きていくことになるだろう。その分、この町に本屋が存続できるのか、不安も大きいはずだ。

「もちろん不安です。留萌の町が十年後、どうなっているか、わからないのですから。だからこそ目の前の仕事を頑張りたい。留萌に本屋があってほしいと心から思っているので」

留萌ブックセンターの開店後、横内は幾度となく書店のない地域から誘致の相談を受けた。中には留萌より人口の多い地域もあったが、横内は出店を見送っている。その理由は、地域の人たちと書店の距離感にあった。

「本屋がない状態に地域の人たちが慣れていて、本が必要なときは車で三十分ぐらいかけて隣町の大型書店に出かけていく行動が当たり前になっている地域では、出店してもうまくいかないんですよ」

どうしても本屋が必要だという留萌の人たちの「本屋への渇望」と粘り強さに可能性を感じて、横内は社内を説得し、三省堂書店は留萌に出店することを決めた。

聞けば、横内もルーツは留萌管内の苫前《とままえ》郡苫前町にあるという。

三省堂書店で長く出店交渉を担当してきた横内が営業で養った勝負勘にも、浜の子の激しい気性が見え隠れする。加えて、北海道に本屋のない地域を増やしたくないという故郷への思いもないまぜになって、横内の心が動いた。胸の内に浜の子らしい激しさを秘めた横内の社内調整がなければ、留萌は書店のない町になっていたかもしれない。

ところで留萌の人たちはなぜ本屋を渇望するのか。

留萌だけではない。なぜ、私たちは暮らす町に本屋が必要だと思うのだろう。

本屋への渇望、それはおおげさに言えば、本屋のない人生なんて考えられない、という切実な思いでもある。

アマゾンでは満たせない「何か」が本屋という場所にはある。

では、その「何か」とは。

答えを探して私は再び各地の本屋を訪ねることにした。

一章

日本一

今野書店

東京都杉並区西荻北3丁目1-8

1

東京の北の玄関、上野駅からほど近い稲荷町に七坪の本屋が産声をあげた。七坪といっても敷地は百七十坪もある。広い敷地を購入したのは山形県鶴岡市の実業家である。自動車のディーラーやバス事業会社経営で成功した実業家は、一九六七（昭和四二）年には新鋭の建築家黒川紀章《きしょう》に設計を依頼して、リゾート施設の開発に乗り出した。山形ハワイドリームランドというそれは、一ドル三百六十円時代、日本人にとって憧れの楽園だったハワイを行かずして楽しめるように、プール、遊園地、温泉、水族館を備えた大規模開発だった。

東京での事業の足場をつくるべく、一九五〇年代の中頃、実業家は上野のこの場所に土地を買い求めていた。鶴岡から汽車で上京する折りの終着駅上野は足回りに都合がよいのだった。

七坪の本屋を始めたのは実業家の次男だ。一九六八（昭和四三）年、時代はいざなぎ景気のただなかで、日本の経済規模はアメリカ、ソ連に続き三位に迫ろうとしていた。レトルトカレーが商品化され、アニメ番組「巨人の星」の放映が始まり、川端康成がノーベル文学賞を受賞した年だ。だが、カラーテレビの普及率はまだ四・四パーセントで、新聞、雑誌、本が暮らしの貴重な情報源だった。そしてどの町にも本屋があった。

しかし、ほどなく山形ハワイドリームランドは経営に行き詰まる。父は上野の土地を売却し、次男一家は転居を余儀なくされた。そして移り住んだ杉並区の国鉄西荻窪駅の近くで、一九七三（昭和四八）年、次男は再び本屋を開いた。

その今野《こんの》書店は今では八万冊を取り揃える、西荻窪界隈《かいわい》で唯一の新刊総合書店だ。

東京駅から西へ延びる中央線の西荻窪駅で下車し、バスのロータリーを出るとすぐに、緑色のテントを張り出した今野書店を見つけることができる。

自動開閉式のガラス扉の内側に足を踏み入れた途端、ふわっと新刊本のインクと紙の匂いがした。控えめの音量でジャズが流れ、オレンジがかった色のダウンライトが棚を照らす店内には透明感と静かな活気が漂う。午前十一時の店内にはざっと二十人ほどの来店客が棚の前で本を広げたり、本の背表紙を眺めたりしている。

町の本屋が賑わっているのを見たのは久しぶりのような気がした。しかもその風景はちっとも古ぼけていない。左手にはファッション誌やライフスタイル誌がカラフルに並ぶ。右手には新刊の小説や文芸書がきっちりと角を揃えて積み上げられている。通りに面した窓側の棚では、オススメ本を紹介する店のオリジナルの小さな冊子を手に取ることができる。その左手には新聞の書評欄に掲載された本の紹介コーナー、そして右手の壁には小説、エッセイ、海外文学。奥へと向かうにつれて、映画、思想哲学、宗教へと棚は編まれていく。映画、スポーツ、ホビーもある。店の中央から先には文庫、新書、児童書、資格本の棚が整然と収まっている。

出版業界紙『文化通信』の専務星野渉《わたる》から、

「いい書店ですよ。書店の取材をしているのならぜひ行ってみるといい」

と今野書店を紹介されたのは二〇二〇（令和二）年一月だった。しかしその直後、東京を中心にコロナウイルスの感染者数が増え始め、三月には全国の小中学校が一斉休校となった。今野書店を訪れた三月の末、世の中は張りつめていた。

今野書店はすごいよと、星野がこう話していたのを思い出した。

「NHKのテレビやラジオ講座のテキストがあるでしょう？　定期購読獲得数が全国でベストテンに入る本屋なんですよ」

レジコーナーの向かいに英会話から趣味の園芸までNHKのテキストで構成された棚がある。春からの新年度に向けてなのか、初老の男性客がテキストを吟味している。アマゾンで注文すれば自宅で受け取ることができるにもかかわらず、毎月テレビやラジオの講座テキストをこの書店で買うと決めている人がたくさんいる。それは、この書店にわざわざ足を運ぶだけの理由があるということだ。星野はこうも言っていた。

「西荻という場所は、作家や出版関係者が多く暮らしている町です。本読みが多い西荻の町で支持されている。今野書店の棚がそれだけ本読みを満足させているということでしょう」

後日、私は今野書店の社長にメールで取材を申し込んだ。そして今野書店を再訪したのは緊急事態宣言の最中。間もなくゴールデンウィークが始まろうとしていた。今野書店は、換気や消毒を徹底し、営業時間を短縮したうえで、営業を続けていた。

「店を開けてくれてありがとうという電話を何本もいただきました。本が求められているんだなと実感しました。お客様の切実な言葉にこちらも胸が熱くなるような思いがしました」

大人が二人入ればいっぱいになるような地下一階の小さな事務室で、社長の今野英治は創業から五十年の物語を語り始めた。

2

父が上野に七坪の本屋を開いたとき、今野英治は上野の区立小学校二年生だった。

上野から西荻窪に移った一九七三（昭和四八）年、祖父は西荻窪駅から吉祥寺へと続くバス通り沿いに建つ三軒の建売住宅のうち二軒を購入すると、次男である今野の父に一軒を譲渡し、隣接するもう一軒を貸す形をとった。父は二軒をぶち抜いて改装し、約二十坪の一階を本屋、二階を住居にした。有吉佐和子著『恍惚《こうこつ》の人』が発売された翌年だ。五十年近く前に認知症と家族にいち早く着目し、家庭という閉鎖された空間における家族の葛藤を濃密に描き込んだ同書は新装開店した今野書店でも平積みされ、約二百万部のベストセラーとなった。

還暦を迎えたがすらりと上背があり腰高で、髪は黒々として若々しい。鷹揚《おうよう》な雰囲気の、いかにも旦那さんという言葉が似合う今野は、当時の様子をよく覚えていた。

「朝、取次から届いた箱を母が開梱して雑誌や本を棚に並べていくんです。父はなかなか起きてこない。店に出てもレジのところで何か読んでましたね。本というか、週刊誌とか月刊誌のような類でしたよ」

父は息子に将来は本屋を継ぐのだと言い、刷り込まれるようにして今野は育った。子どもながら父に連れられて取次に本の仕入れに行ったりもした。取次とは、出版社がつくった本を書店に取り次ぐ問屋のような機能の出版界独自の業態だ。流通の要であるだけでなく、出版社と書店の間の支払いや回収など、資金の流れを代行する金融機関的な役割も担う。

歴史を遡《さかのぼ》ると、大正期に登場した取次専業会社は最盛期には全国に三百余もあったという。戦時中には出版物配給統制機関だった日本出版配給株式会社が戦後に解散すると、新たに多くの取次がつくられた。昭和期の隆盛を経て現在は減少傾向で、業界団体である日本出版取次協会の加盟社数は十八社にとどまる。また、業界最大手の日販と二番手のトーハンで業界全体の売上の七、八割を占める寡占市場でもある。

「父は週に二、三回は取次に本を仕入れに行っていました。トーハンが新宿区東五軒町《ひがしごけんちょう》の本社で店売をしていましたから、それを見に行くわけです。店売というのは、取次が配達するのとは別に、その場で本が仕入れられる売り場のことです。千坪ぐらいのスペースに各出版社の棚や新刊の棚があって、ほしい本はほとんどが揃いました。お客さんから客注で本を頼まれれば、そこへ出かけて在庫を見て、なければ神田の小さな取次にも行ってみる。それでも見つからなければ、在庫のある本屋を探して、図書券で買ってまでお客様に届ける。お客様を裏切らないというか、実直なところのある人でした」

だが、父は熱心に棚を整えるわけでもなく、日がな雑誌を読み、夕方になればふらりと近所に酒を飲みに出かけてしまう。

「面白いんだな。やる気があるのかないのかよくわかんない人なんですよ」

息子の目にはとても商売熱心には見えない父だったが、今野書店は繁盛した。インターネットのなかった時代のことだ。例えば一九八〇（昭和五五）年の出版点数は約五万点で、その数は現在に比べれば半分ほどだったが、本は今よりずっと貴重で、親しまれるメディアだった。

西荻窪界隈には大小合わせて十四軒の書店があった。その頃から特色はあったのだと今野は振り返った。

「黒木さんという三十歳前後ぐらいの本好きな人がうちで働いてくれていましてね。黒木さんは鹿児島の人でした。彼の選書がよかったんですよ。うちは人文書の品揃えに定評があったんです」

早稲田大学や近所の東京女子大学の本好きな学生アルバイトたちも戦力になった。あの人たちのおかげで、と今野の母は今も感謝を口にする。

父が本に触れたきっかけは山形庄内地方での少年時代にある。父の兄の同級生に、のちに評論家となる渡部昇一がいた。渡部の家にはたくさんの本があり、父は遊びに行くと本を勧められたり借りたりしているうちに、本が好きになった。渡部との縁は続く。東京での渡部は西荻窪からほど近い上石神井に居を構えていて、父は渡部の家までバイクで毎週雑誌や本を配達した。

その父は双極性障害を患っていた。双極性障害とは、躁状態と鬱状態を繰り返す精神疾患だ。躁状態のときには気分が高まり、ほとんど眠らずに歩き回ったり大きな買い物をしたりと活動的になる反面、鬱状態になると食欲が低下し、身体を少しでも動かすことさえ億劫《おっくう》になる時期もある。原因は脳内の情報伝達の乱れにあると考えられているが、ストレスも発症のきっかけになる。この障害が災いし、父は感情の起伏が激しく、興奮すると家族に強い言葉を投げつけた。幼い今野と妹にとって、父は恐怖の対象だった。

背景には生い立ちも影響しているのではないかと今野は推測した。祖父は妻を亡くし、再婚している。次男である今野の父は、本屋を始めるまでに何度か職を変えているが、祖父の息のかかった仕事は与えられなかった。いくつかのセールス職を経て、丸の内にあった本屋で修業し、上野で開業した二十七歳のとき、すでに双極性障害を発症していた。さらに、西荻窪に移る際に祖父から父へ買い与えられた家の贈与税や店の施工費用など、三千万円ほどの借金を抱えた。店番から売上の管理まで、今野の母が働き通しで店を切り盛りした。

「父の症状は重く、一年のうち躁状態が二、三カ月。それ以外のほとんどは鬱で起きられずにいました。でも、少し体調が上向くと店に出て雑誌を読んでいました。神田の取次に出かけていたのも、体調をおしながらでした」

真面目な父が、鬱で調子が悪くても神田での仕入れと近所の女子高への配達を欠かさなかったのを今野は覚えている。父は無理をおして配達に行き、戻るとぐったりと臥《ふ》せった。

それでも、本屋を始めたことは父にとって幸せだったと思うんですよと、今野はこう続けた。

「病気のこともあってサラリーマンは務まらないし、他のことも長くは続かない。でも好きな本に携わるのは父にとってよかったはずです。たくさんある小売業の中で本屋を選んだのは、定価販売で返品ができる商売だからだと父は言っていました」

儲からないかもしれないけれど、売掛を踏み倒されることもないし、文化に貢献することのできるきれいな商売だよ、とも父は息子に話した。スケールの大きな事業を営む資産家の家庭で複雑な家族関係に苦労して育った父にとって、利益率や商売の規模が小さくとも、作家や編集者が懸命につくった本に関わることは喜びだったはずだと息子は推し量った。本を求める人の心とも関わる、本屋の仕事のある種の誠実さに、救われるような思いもあったのかもしれない。

3

今野は都立高校に進学すると、自由な校風のもと高校生活を謳歌《おうか》する。一浪して難関大を目指す同級生が多い中、父は浪人を許さず、今野は現役で私大の理工学部に進学した。将来本屋を継ぐことは既定路線で、本人も抵抗なく受け止めていた。

大学を卒業した一九八三（昭和五八）年、紀伊國屋書店吉祥寺店に就職し、新入社員の今野は学習参考書と教科書ガイドの担当に配属された。学習参考書と教科書ガイドは四月第二週と第三週が新学年の稼ぎどきとなる。入社早々、一日に五百万円を売り上げる売り場に放り込まれ、戦場のような忙しさを経験する。

だがその頃、吉祥寺にはパルコブックセンターが開業し、紀伊國屋書店吉祥寺店は売上が落ちていた。売上を上げるためにどうしたらいいか、新人にも自分で考えさせるのが紀伊國屋書店の方針だった。自分なりに棚づくりを工夫してみるが、ある日、売り場を訪れた母は「あなたの棚、面白くないわよ」。母も書店稼業の目利きなのだ。

二年後、埼玉県浦和市（現在のさいたま市浦和区）の須原屋《すはらや》に修業に入った。須原屋は一八七六（明治九）年に浦和で創業した老舗書店だ。

明治初期には全国各地に書店が誕生している。丸善ジュンク堂の丸善は、医師の早矢仕有的《はやしゆうてき》が一八六九（明治二）年に創業した。一八七二（明治五）年には鳥取県米子市を拠点に山陰地方でチェーン展開をする今井書店が医師今井芳斎《ほうさい》によって今井郁文堂として創業。また、一八七四（明治七）年に熊本市では骨董商を営む長崎家が学校制度開始にともない教科書配布業者として指定を受けたことから、次男次郎が長崎次郎書店を開業した。これらの書店をはじめ全国で二十ほどの書店が誕生している。

そのひとつである須原屋は、書籍が貴重だった当時、埼玉師範学校の教員のための書籍の出版と販売を行っていた。戦時中の閉店期間を経て一九四七（昭和二二）年、三代目経営者が売り場五坪の店から営業を再開し、一九七五（昭和五〇）年、書店後継者の育成を目的に須原屋研修所を設立した。書店経営者の間では「須原屋書店大学」と呼ばれたこの研修所は全寮制で、全国から集まった書店の子弟が寝食を共にしながら須原屋の店頭で仕事を覚え、書店経営のノウハウを学んだ。同所は二〇〇六（平成一八）年に閉鎖されるまでに三十二期一七七人の後継者を育成している。

ここで今野は「新刊ベストテンは何がなんでも確保して店頭に並べる」「本を積み重ねるときは四隅をきちっと揃える」「スリップ（本の間に挟まっている在庫管理のための伝票）による売上管理」「出版社との交渉」といった書店運営の基本を身につけた。

中でもスリップの管理に関しては徹底した。夕方までにその日に売り上げた本のスリップをまとめ、分類し、売上を単品管理し、出版社に注文の電話をかけるという作業を身体で覚えた。作業を通して築いた出版社との人間関係は、その後、今野書店を継いでからも生きることになる。

一年半の修業を終えた一九八六（昭和六一）年、二十五歳の今野は家業の今野書店に入社した。この年のベストセラー一位は細木数子著『自分を生かす相性・殺す相性』（祥伝社）だ。

一〇九万部を売り上げた同書をはじめ、細木の著書はベストテンに二冊ランクインしている。

紀伊國屋書店と須原屋研修所で得た経験を加味し、今野書店は町の本屋から総合書店へと脱皮していく。一方で父の手法も引き継いだ。父に倣い週に数回は神田に足を運び、必要な本は出版社に出向き買い求めた。

「取次や出版社にたびたび足を運んで知り合いになっておくと、どうしても入手したい本が出たときの交渉の手札になるんです。新刊台は魚屋で言えば、その日に仕入れたとびきりの魚を置く場所。人気の新刊はあらゆる手を講じてでも手に入れたい、それが本屋というものですよ。出版社や取次との日頃からの関係は命です」

売り場面積二十坪の今野書店は一日に一坪あたり二万円近くを売り上げ、月商は千二百万円を超えた。

売上の主力は何といっても雑誌だった。

雑誌の歴史は戦後に一気に開花する。一九五六（昭和三一）年に週刊新潮が創刊されると、一九五八（昭和三三）年から一九五九（昭和三四）年にかけて朝日ジャーナル、週刊明星、女性自身、週刊文春などの週刊誌と、初の子ども向け週刊誌の少年サンデー、少年マガジンが相次いで創刊された。同年には週刊誌の発行部数が月刊誌を上回り、週刊誌時代へと移行していく。そして一九七四（昭和四九）年には雑誌と書籍の売上がそれぞれ四二三一・四億円と拮抗《きっこう》し、翌年から雑誌の売上が書籍を上回るようになった。一九八〇（昭和五五）年には二三五もの雑誌が創刊され、一九八〇年代に雑誌は最盛期を迎える。

時代はバブル経済のピークへと突き進む。今野書店には盛んに融資が持ちかけられた。銀行は、店舗兼住居として使用して十年以上が経過した木造の建物をビルに建て替えてはどうかと勧め、取次も、もっと売り場を広くして本をたくさん置いたらどうかとけしかける。思いきって融資を受け、地上四階、地下一階のビルに建て替えた。新築のビルは、一階の二十七坪が本や雑誌、地下の十八坪がコミック、文庫、学習参考書、児童書、合計四十五坪の店舗で、二階が今野家の住居、三、四階を賃貸にして家賃収入を得られるようにした。

ところが、融資を受ける際、もうこれ以上は上がらないと銀行の担当者が言っていた金利はさらに上がり、高止まりした。建築資材の高騰もあり、当初の計画より借金は膨れ上がり、経営は自転車操業に陥った。あるときは支払いの期日に必要な額を準備できず、経理担当の母親が困り果て、今野は愛車のマツダ・RX-セブンを売って現金を捻出した。店舗と自宅を兼ねた建物を手放して一家離散するしかない。そう思いつめていた平成初期、バブルが弾けた。ようやく金利の上昇が止まり、今野は胸をなで下ろす。

一九九〇年代前半はタレントのエッセイ集や写真集がヒットした。一九九〇（平成二）年には二谷友里恵『愛される理由』（朝日新聞社、七〇万部）がベストセラーのトップにランキングし、翌年には写真家篠山紀信が撮り下ろした宮沢りえのヌード写真集『Ｓａｎｔａ Ｆｅ』（朝日出版社、一五五万部）が新聞の全面広告で話題をさらい、強烈なインパクトとともにベストセラー入りした。今野は出版元の朝日出版社に飛び込みで直接買いに行って仕入れた『Ｓａｎｔａ Ｆｅ』一八〇冊を売り切った。さくらももこの『もものかんづめ』（集英社、二〇〇万部）、ビートたけし『だから私は嫌われる』（新潮社、六九万二千部）もランクインした。一九九四（平成六）年には作家大江健三郎がノーベル文学賞を受賞したことから大江健三郎ブームが訪れる。大江作品は累計一二〇万部増刷された。

その頃には父は双極性障害の症状が進み、経営に関わり続けることが難しくなっていた。一九九五（平成七）年、今野は父から社長を引き継ぐことになる。父は代替わりに抵抗を示したが、これは父の古い友人である税理士の勧めでもあった。この年にはウィンドウズ95が発売され、インターネット元年と呼ばれた。

そして、書籍と雑誌の売上は一九九六（平成八）年の二兆六九八〇億円をピークに下がり始める。

4

その頃、今野はある勉強会に参加している。

発起人は目黒区の東急東横線学芸大学駅前にある恭文堂《きょうぶんどう》書店店主の田中淳一郎だ。恭文堂書店は一九二八（昭和三）年の開業で、現在は一階と二階合わせて八十坪に面積を広げ、専門書、学習参考書、雑誌、文庫まで医学専門書以外を広く取り揃える。

三代目の田中は今野とは須原屋研修所の同期だ。今野をはじめ須原屋大学の仲間たちに声をかけて始めた書店流通の課題を議論する勉強会で、田中はランク配本について問題提起した。ランク配本とは、取次や出版社が取引先である書店を規模や売上によってランク付けし、配本する冊数を決める業界慣習だ。

人気作家の新作やコミックの最新刊の発売日、町の書店の店頭では見つけられないことがあるが、それにはランク配本の影響がある。個人経営の町の書店はランキングの上位に位置づけられていないため、発売日に取次から配本を受けることができないという問題が常態化していたのだ。出版社や取次からすれば、売れ行きが期待できる作品は大書店に大量配本した方が手間がかからずに一気に売り上げることができるが、中小書店からするとアンフェアな話だ。

では、町の書店はどうするのか。勉強会の面々は、複数の書店が連携して共同で仕入れれば、配本を確保できるのではないかと考えた。そして共同仕入れを実現するために、二〇〇一（平成一三）年、有限会社NET21を設立した。共同仕入れに参加する書店は、NET21の支店という形をとり、加盟する各書店の代表は担当する出版社を持ち、仕入れ冊数の交渉を行い、NET21として一括購入する。そして、共同仕入れした本は一時預かりの倉庫を設けず、加盟する各書店に取次を通して配本される。

勉強会が始まる前年の一九九五（平成七）年、鳥取県大山町《だいせんちょう》で「本の学校」というシンポジウムが開かれた。先述した山陰地方の老舗書店チェーン今井書店が発起人となったこのシンポジウムは、全国の書店人が集まり書店の未来について議論したおそらく初めての場だ。

シンポジウムはその後五年連続で開催されたのだが、一九九六（平成八）年の第二回シンポジウムの分科会で、田中は出版業界の流通の問題を次のような辛辣《しんらつ》な言葉で指摘している。

「（書店の流通は）五十年間変わっていない、変わったのはリヤカーがバイクになったぐらい」

「一時間で取りに行ける出版社の本を、取り寄せるのに十三日かかると客注に際して説明する屈辱」（『街の本屋はねむらない』アルメディア）

勉強会は、こうした硬直した業界への反発をもとに始まっていた。

ＮＥＴ21によって仕入れが成功した最近の例を今野が挙げた。

「新潮新書の『スマホ脳』です。新書の初版刷り部数は著名な著者でない限り、どの出版社も一万部前後でしょう。二〇二〇（令和二）年十一月に発売されたこの本の著者は日本では無名なスウェーデン人の精神科医です。刷り部数は多くなかったようですが、ブレイク前に新潮社の営業担当者が『これからこの本を仕掛けます』と教えてくれた。騙《だま》されたと思ってＮＥＴ21でまとめて五百冊ほど仕入れました。この本が、二〇二一（令和三）年には五十万部を超えるベストセラーとなったんです」

コロナ禍ならではの出来事もあった。パンデミック初期の二〇二〇（令和二）年春、新潮社ではカミュの『ペスト』を仕掛けようとしていた。このときも新潮社から情報を得た今野がＮＥＴ21全体で五百冊を仕入れた。新刊を手に入れるための出版社との関係を「命」と表現する今野らしい。本屋の商売には、いち早く得た情報を読み解き相場を張る、勝負師のような嗅覚が必要なのだ。

「今はウェブ発注での注文がほとんどですから、出版社の営業担当者と会ったり、電話で話したりしなくても仕事は成立します。でも、それでは駄目なんです。日頃から顔の見える関係をつくってこそ、商機につながるヒントだって得られるわけです。メールだけの関係ではこうはいきません。

大手書店の場合は出版社がいち早く情報を届けてくれるし、売る仕掛けも提案してくれる。だから早々と注文を入れることができます。そうやって大手書店で売れた本を、中小書店は一カ月後に新聞の書評欄のベストセラーランキングで知るわけですが、それでは遅いんです。我々中小書店も大手書店と同じように出版社と対等に交渉したい。だったら、相手が無視できない規模にまとまろうということになりました。それがNET21です。この活動によって、これから売れそうな本、出版社が仕掛けようとしている本の情報がいち早く入ってくるようになりましたし、場合によっては、正味（掛率）の交渉ができるケースも出てきました。千五百円の本だと一パーセントで十五円。書店にとってこの一パーセントは大変貴重なもの。正味の交渉ができることは大きいですよ」

NET21経由で仕入れる本は今野書店の仕入数の数パーセントにすぎないが、それに助けられてきたと今野は言う。現在の会員法人は二十三社。二〇二一（令和三）年に今野が代表取締役社長となった。

令和に入ってからは版元の新しい動きも見られる。KADOKAWAは自社倉庫をつくり、取次を通さずに書店から注文を受け、直接送本する仕組みを構築した。

「KADOKAWAはこちらの欲しい本を細かく注文できる代わりに、返品に対してはペナルティをとるやり方です。書店は売れ行きを見ながら何度も注文でき、必要な冊数は必ず入手できるからロスが少なくなる。返品も減るのでお互いにメリットがあります」

まだ業界にダイナミックな変化が生まれるには至っていない。だが、新しい動きを歓迎したいと今野は話した。

5

オンラインニュースメディアの連載で私の取材した今野書店の記事が公開されたのは二〇二〇（令和二）年六月だった。記事をツイッター（現X）にアップすると、フォロワーは五百ほどという静かなアカウントなのに、たちまち四千を超える「いいね」がついた。中央線沿線在住の作家やアーティストがコメントつきでシェアしてくれてもいた。反響からは今野書店を支持する人たちの数と熱量が伝わってきた。

今野書店がここまでの支持を集める本屋になったのはなぜなのか。

店の歩みをたどるうちにライバルの出現が影響していたらしいことがわかった。

その書店は颯爽堂《さつそうどう》書店といい、二〇〇九（平成二一）年、西荻窪駅北口の北銀座通りに出店した。北口を真ん中に、右手（東）に颯爽堂書店、左手（西）に今野書店という位置関係だ。颯爽堂は東京を中心にチェーン展開するあゆみブックスの系列店だった。店長は、優れた選書で知られたあゆみブックス早稲田店の店長を務めた人だった。この店長のもとで薫陶を受けた書店員からは、フリーランス書店員として書店の選書や業務の受託、書店員研修を行うなどの活動を始めた後進も現れている。その人、久禮《くれ》亮太（現在はフラヌール書店店主）の著書『スリップの技法』（苦楽堂）には、当時の店長の気迫ある仕事ぶりが記されている。今野が須原屋で体得したように、この店長もまた売上の把握、在庫管理、仕事の申し送りなどの実務にスリップを駆使していた。そして店長は勝負師でもあったというのだ。

〈アルバイトの僕に店内整理を指示してレジから追い出し、前日の売上スリップを、指を舐めてめくりながら鋭い眼光で見ていました。束から抜き出されたいくつかには★印や◎印が赤鉛筆で殴り書きされていて、競馬予想のようでした。実際、たまたま売れたと思えるような一枚や二枚のスリップから何か兆しを読み取って、数十冊の追加発注を出し本当に売れることもあり、まさに博打のようでした〉（『スリップの技法』苦楽堂）

また、ライターの武田砂鉄は二〇〇五（平成一七）年に新卒で河出書房新社に入社した際、あゆみブックス早稲田店で二週間の書店研修を受けたという。新入社員だった武田にもこの店長は強烈な印象を残していた。

〈初日から、各社の営業マンがやってきては緊張した面持ちで話しているのを何度も見かける。気安く声をかけにくいオーラを放っていたが、毎日のように、自分たちのために、その日に入荷した新刊の「意味」を教える時間を設けてくれた。この新刊をここに並べる狙い、並べない理由、時には「おい、君のところから出た新刊のコレ、こんな本はこの店は売れない。即返品するから」と忠言されたのだった〉（武田砂鉄『朝6時半から早稲田で』「日販通信」二〇一七年三月号）

店長の辣腕《らつわん》ぶりが目に浮かぶような書きぶりではないか。そしてこの恐ろしい店長と颯爽堂書店は今野書店を揺さぶっていく。

颯爽堂はこぢんまりとした店構えながら人文書を中心とした選書で、みるみるうちに西荻窪周辺の本好きの心を捉えた。今野は偵察に行くと行き届いた選書と棚づくりに圧倒され、焦りを覚えた。颯爽堂の店長もたまに今野書店を訪れ、今野を見つけると大抵は挨拶をする。今野より少し上の世代の店長は堂々として余裕があり、若い今野にはふてぶてしいとさえ感じられるほどだった。

颯爽堂の影響はじわじわとボディブローのように効き始める。次第に今野書店の売上は落ち、十人ほどいた書店員の雇用が難しくなった。いっそ従業員には辞めてもらって母と妻と三人で小さく本を売っていくか――。経営縮小案が頭に浮かぶまでに今野は追い込まれた。

そんなある日、取次から不動産物件の話が舞い込んだ。西荻窪駅のすぐ近くに物件の空きが出る。一階は六十坪、地下は三十坪、移転しないかと取次の担当者は言う。

売上が落ちているのにさらに借金をして移転するなんて、と妻と母は反対したが、今野は絶対にうまくいくと思ったという。今野の確信の根拠は売り場面積にあった。

「その頃、四十五坪の店で、売上が落ちたと言っても、月商は一千万円はありました。移転すれば、駅のすぐ隣になるのでお客様は今より確実に増えます。加えて、床面積も一・五倍になる。絶対に売上は上がるという自信がありました」

現場で毎日本を仕入れ、売上の上下を見続けている今野は、こうした瀬戸際で勘が冴《さ》える。今野は追加で借金をし、二〇一一（平成二三）年、西荻窪駅を出てすぐ、緑色のテントの店で営業が始まった。それが現在の今野書店だ。

背水の陣に一人の戦力が加わった。

ある週末、その人に会うために私は今野書店を訪ねた。梅雨が明けた東京は晴れ渡り、昼時の店内は混雑していた。入り口右手の新刊コーナーで、ジーンズにニューバランスのスニーカーを履いた女性が忙しく立ち働いている。水越麻由子、今野書店に勤めて十年になる。

水越は小説の新刊台を整えていた。台は幅一メートル二十センチ、奥行き八十センチぐらいだろうか。大人の腰ぐらいの高さの平台に、新刊がずらりと積み上がっている。中央部にはもう一段高くひな壇のような段がつくられ、本を棚に立てて表紙が見える形で陳列する「面陳《めんちん》」という並べ方がされていた。

「私の中では、この平台の左端がベストポジションです」

水越が台の隅を指差した。人は買い物をするとき、左から右へと商品を見る傾向がある。だから文芸を好む来店客は新刊台の左端を最初にチェックするはずだと考えて水越は本の並べ方を計算していた。この日、ベストポジションには発売されたばかりの『喫茶店で松本隆さんから聞いたこと』（夏葉社《なつはしや》）が鎮座していた。京都の書店ホホホ座の店主山下賢二が作詞家の松本隆に質問する形をとり、人生や友情、恋愛など本質的な問いに答える、小ぶりで美しい装丁の本だ。出版元である夏葉社代表の島田潤一郎は、「何度も、読み返される本を」という言葉を掲げ、オリジナル原稿による新刊だけでなく、絶版となった詩集や小説を新装復刊して、現代の読者に読まれる機会を差し出している。編集から営業まで一人で行うひとり出版社の先駆けで、文芸を好む人たちにはよく知られているが、夏葉社の本を置く書店はそう多くはない。

今野書店と同様に駅前で営業している町の書店では夏葉社の本を取り扱うものなのだろうか。電話で問い合わせてみたところ、ＮＥＴ21の発起人である田中淳一郎の恭文堂書店では店頭扱いはしていなかった。東急東横線の二駅先、自由が丘駅前にある不二屋書店は一九二三（大正一二）年創業の自由が丘駅のシンボルのような老舗だが、ここでも取り扱いはなかった。夏葉社のウェブサイトの「買える書店」というコーナーを見ると、都内の取扱店は六十二店とある。東京にはおよそ千軒の書店があるが、夏葉社の本を扱っている書店は一割に満たない。

恭文堂書店や不二屋書店のある東急東横線の駅周辺も、今野書店のある中央線西荻窪駅周辺も、駅前には庶民的な商店街があり、少し奥へ入ると落ち着いた住宅街が広がる。地域の特性は比較的近い。ただ、西荻窪を含めた高円寺、阿佐ヶ谷、荻窪などの中央線沿線には、古着、本、アンティーク、アニメなどのカルチャーが昭和の頃から根づいている。中でも本好きが多く暮らすといわれるのが西荻窪界隈だ。本好きが書店を育てたのか、書店に惹《ひ》かれて本好きが集まってきたのか。ともあれ、水越は西荻窪には夏葉社の本を好む読者がいると判断した。

今野は水越の棚を編集する技術について次のように語っていた。

「ぼくが棚をつくると、新刊本や売れ行き良好書を外さないオーソドックスな棚になってしまう。遊びがないというか、面白みに欠けるんですよね。

でも水越は違う。例えば、新刊本が届きますね。棚に一冊入れるためには一冊抜かなきゃいけないんですが、書店員は棚から本をなかなか抜けなくて苦しむものなんです。自分がせっかく前の日につくって『きれいだなあ』と思った棚であっても、一冊抜くことで何かが崩れてしまう。これは、売れないから抜いてもいいや、ということではありません。棚から抜くということは、うちには二度と置かないことを意味するので覚悟が要るんです。つまるところ、新刊書店は、新しく届いた本を、どの棚に入れるか、並べるかが肝なんです。新刊書店には日々流れるように新刊が入ってくる。入ってきた本を並べるためには、すでに並んでいる本を動かさないといけない。同じ棚の別の場所に移す。別の棚に移す。それができなければ返品する。その繰り返しなんです。水越はそこがドライで冷静で、天才的にうまいんです」

私たちが何気なく眺める書店の棚の背後には書店員の葛藤があるのだ。

では、水越の棚を編集する技術とは一体どのようなものなのか。

水越がまず語ったのは、意外にオーソドックスなやり方だった。

「やはり棚に常に新刊の新鮮な本が揃っている状態を整えること。これがいちばん大事だと思います」

本屋大賞の受賞作やエンターテインメント性が高く人気の小説などは、店頭入り口脇に整然と積み上がっている。かつて今野が須原屋時代に身につけた「新刊ベストテンは何がなんでも確保して店頭に並べる」という原則と、新刊に関してどこにも負けないという自負は、引き継がれているらしい。

　これに水越の技術が加味される。水越はベストポジションには、敢えてややずらしたセレクトをする。人気作家の作品はいちばんいい場所に置かないというのだ。

「主流から少し外れているんだけど新しい視点を持っている、そんな作家や作品を置くようにしています。そうした本をベストポジションに置くと実際によく売れるんですよ」

　注文作業は毎週一回、土曜日に行う。出版社からは一週間に二、三百ほどの注文表がファックスやメールで送られてくる。それらをざっと見て三十枚ほど返信すると、それだけでも百冊から百五十冊ほどの注文になる。このようにして仕入れた本が、水越の担当する棚の三割ほどを占める。

「出版社の規模は関係ありません。大手が必ずしもいい本を出しているとは言えないこともありますし」

　と言うと、水越は再び夏葉社を例に挙げた。

「島田さんのところは常にいい本だけを出していますよね。本そのものの雰囲気というか、佇まいがすごい。島田さんはいつもさりげなくやってこられます。チラシをご本人が持ってこられるんですよ。島田さんがいい本だと言われるのだから、実際いいんだろうな、という気持ちで受け取ってしまいますね」

そして水越はトランスビューという出版社にも触れた。この会社では、自社の出版物に関しては取次会社を通さず書店に直取引で卸し、また、小さな出版社に限定した取次代行も行っている。トランスビューを経由しての注文には水越のセンスが発揮される。例えば、フェミニズムをテーマに二〇一六（平成二八）年に創業したエトセトラブックスの季刊誌『エトセトラ』。今野書店では毎号確実に四十冊は売れる。また、「丁寧な本」「大量配本システムからの脱却」を標榜《ひょうぼう》する出版社・ころから、哲学思想、社会問題、海外文学など幅広く出版する堀之内出版といった小さな出版社にも水越は注力している。

「ころからや堀之内出版は、弱者目線の本を多くつくっていると思います。注目するのは、弱者から新しい声が生まれるんじゃないかと期待しているからです。私自身の好みもありますよ。例えば、エトセトラブックスの本はフェミニズムに共感するのでつい多めにとっちゃいます」

このようにして自分で注文した本は、強弱をつけながら展開していく。

「だいたい、一カ月から三カ月を目安に抜く（返品する）ような感じです。五冊注文して一カ月置いても一冊も売れない場合は、返品はやむを得ないかなと思います。逆に一冊でも売れれば数カ月様子を見ることもありますね」

書店が注文をしなくても、取次から自動的に新刊が送られてくることを「見計らい配本」

（パターン配本）という。この見計らい配本で届いた本を返品することには何の感情もないというが、自分で発注した本を返品しなくてはならないとき、水越は胸が痛む。

そして、西荻窪の本読みたちは、作者が著名であるかどうかに関係なく、反応してくれるんですよと、水越は『薬を食う女たち』（河出書房新社）というドラッグと女性をテーマにしたルポのことを話してくれた。

「『薬を食う女たち』は、五所純子さんという方の著書です。最初、棚に一、二冊入れていたら、なんだか売れるなあという感触がありました。それで追加で三冊平積みしたら、すぐに売れました。慌てて二、三冊注文したところ、また売れて、さらに客注まで入ったんです」

注目の書き手だよ、と常連客から教えられたという。

東京の都心を中心に置いて眺めれば西荻窪は郊外ということになるが、西荻窪駅の乗降客数は一日平均で七万二千人ほどにもなる。杉並区の人口は約五十六万人、鳥取県の人口を上回る。そのうち十万人ほどが暮らす西荻窪地区で、子どもからシニアまで、地域のあらゆる世代に対して開かれたオーソドックスな店づくりを今野は心がけてきた。そこに水越の選書のセンスが加味された現在の今野書店は、間口の広い総合書店でありながら、小さな出版社の新しい視点でつくられた本や声を小さくされた人の側に立った本にも出会うことのできる、奥行きの深い場所になった。

6

だが今野と水越は最初から息の合うコンビだったわけではない。水越はかつて今野書店から離れたことがあるのだ。

最初に今野書店に勤めたとき、水越は二十五歳だった。新卒で就職した出版社を数年で退職し、二つほど大きな書店に勤めた後、西荻窪に移り住んだことをきっかけに今野書店でアルバイトを始めた。

文芸と新刊台は書店にとって「顔」だという。数年が経った頃、水越は、その「顔」を担当したいと手を挙げた。それまでは、出版社や取次との折衝や外商に追われながらも今野が文芸と新刊台だけは担当していた。だが、水越の意欲を買い、文芸と新刊台を託すことにした。

ところが、二人はベストセラーを巡って対立することになる。今野は新刊本やよく売れている本を新刊台の一番目立つところに置く棚づくりは外せないとする。対して水越は、ベストセラーやエンターテインメントに分類されるような作家の作品は、必ずしも目立つ場所に置かなくてもよいと考えた。今野の目には、水越が売れ行き良好書を軽んじているように映った。

売れる本はいうまでもなく経営の生命線だ。では、売れる本はよい本なのか。そもそもよい本とは何なのか。一冊の本に対する評価は、読者によっても分かれる。だが、書店経営者にとって、よい本とはおしなべて売れる本であり、売れる本を排除するのは売上をみすみす捨てるようなものだ。文芸と新刊台についてはオーソドックスなやり方に戻すようにと今野は指示し、水越は反発した。二人の対立は決定的なものとなり、水越は去った。

今野書店を辞めた水越は日本橋にある医薬系のリサーチ会社に職を得た。ところが、本と関係なく生きている人たちのコミュニティで、水越は同僚たちが本を読まないことに驚いた。水越は新卒で出版社に勤めて以来、ずっと本に関わる仕事をしてきて、職場の同僚と本の話をしない日はなかったのだ。

「今まで、本がそばにある生活は当たり前だと思っていました。でも、本に関わりなく生きている人たちと初めて接触して、正直に言うと、本の話ができない関係はつまらないと思ってしまったんです」

今野書店を退職して三年ほど経ったある日。今野書店が西荻窪駅横に移転して新装開店しているのを見た水越は、ふと、中に入ってみたいという衝動にかられた。果たして、新刊の匂いがぷんと鼻を突く清々《すがすが》しい空間が水越を迎え、そのとき、またここで働きたいと水越は思った。それは予期せぬ感情だった。

水越は思い切って今野に連絡し、二人は店の近くの喫茶店で再会する。

今野は水越に前向きな変化を感じとったという。

「なんというのかな、彼女を見て、深みが増したというか、味わいのあるいい表情をしていると思いました。彼女が辞めるきっかけとなったのは棚についての考えの違いでしたし、埋められないものがあると思ったのは確かです。ただ、実を言うと、彼女に申し訳ないことをしたという思いも僕にはあった。一度うちを辞めた彼女を受け入れることについて、家族はあまり賛成しませんでした。でも僕は彼女の表情の変化に気づいたから、今度は大丈夫だよと言って、受け入れることを決めたんですよね」

だが今野にしても、水越に戻ってきてほしいという思いが芽生えたのだろうと私は思った。颯爽堂との生き残りを賭けた戦いに負けてはならなかったからだ。

ネットを検索すると、当時、颯爽堂には多くのファンがついていたことがわかる。店長によるあらゆるジャンルにわたり読み手を唸らせる選書は、界隈の本好きを惹きつけた。加えて、あゆみブックス系列の同店には、チェーン店が持つ資金や仕入れの強みもあっただろう。

今野は、過去のわだかまりを水に流してでも水越を迎え入れて、水越の選書のセンスで颯爽堂に負けない棚づくりをしようと考えたのではなかったか。

先に引用した久禮は、颯爽堂書店の店主の選書の技術を「競馬予想のような」と表現した。水越のこれはと思う本を見つける嗅覚と、大胆な仕入れや展開を恐れない神経の太さは、颯爽堂店主とどこか通じるところがあったのかもしれないと思い至ったのは、取材を終えてしばらく経ってからのことだ。

今野書店に復職した水越は、文芸と人文書の棚を今野から引き継ぎ、詩、フェミニズム、外国文学など、ジャンルを増やしていく。その後、今野は棚づくりを全て水越をはじめとするスタッフに任せ、現在、文庫、ビジネス書、新書など、それぞれの担当者が試行錯誤しながら棚を編んでいる。

書店の良し悪しを測る業界の目安に「来店客の三割が購入すればよい書店、四割ならばすばらしい書店」という言葉がある。今野書店では来店客の四割近くが本を携えて帰って行く。

颯爽堂はその後、どうなったのだろう。まず、颯爽堂の母体であるあゆみブックスが二〇一五（平成二七）年に取次大手の日販に買収された。そして店長が体調を崩したために、同年十二月に颯爽堂は休業している。多くのファンが休業を惜しんだが、颯爽堂は営業を再開することはなかったようだ。

7

かつて今野の父は早稲田大学や東京女子大学の学生アルバイトに棚づくりを任せた。現在の今野が書店員の意見に耳を傾け、任せている姿は父に重なるようにも見える。

「うちの書店員はみんなバランスのいい仕事をすると思います。うちにはモチベーションの高い人が集まってくるんです。棚をつくるのはひとつの才能ですから、スタッフがやってみたいということは自由にやってもらって、もしうまくいかなければ戻せばいいだけの話。どんどん試行錯誤しながらやってほしい」

今野書店は変わりながら前進してきた。後継についてはどう考えているのか。

「うちには子どもがいませんので、店を閉じて悠々自適という選択肢もあります。もし、やりたいという人がいれば、後継者として任せることも可能性としてはあるでしょう。ただ、やっぱり棚づくりと書店経営は別物なんです。うちのスタッフの中から本屋を本当にやってみたいと思う子が出てくるかどうかは、まだわからないですね」

書店業は単純に語れるものではない。これまでには嫌韓や嫌中のヘイト本、神戸連続児童殺傷事件の犯人の著書の取り扱いを巡って、スタッフと議論になったことがある。少数派差別の助長や殺人犯に肩入れするつもりはないが、きれいごとだけでは経営は成り立たない。それは商売の厳しさを身を以《も》て知る今野の本当の思いだ。売れる本はよい本だ。だが本当によい本とは何か。何度も経営の危機を乗り越えてきたが、その答えは出ていない。だからスタッフと知恵を出し合う。立場を越えて相手の言葉を受け止め、ときには経営者として考えを改める。多様性に富んだ奥行きの深い売り場は、この繰り返しによって練り上げられてきた。

夏真っ盛りのある朝、もう一度今野を訪ねた。今野はいつものようにどこか品のいい旦那さんの風情で私を迎えたが、その今野はしたたかな勘を働かせる相場師の面も持つ。それは山形で事業の隆盛を極めた祖父譲りなのか。その点について尋ねると、今野は肯定も否定もしなかった。

「いかに幅広いお客様に本を届けながら、しっかりと利益を出していくか。この西荻窪で町の総合書店の役割を果たしたい。これがうちのこだわりといえばこだわりです」

今野はこう言うと、

「うちは今では同じ規模の総合書店の中では日本一だと自負しています。これはスタッフのおかげですよ」

と胸を張った。

日本一という晴れがましい言葉を聞きながら、私は今野書店を初めて訪ねた日のときめきを思い出していた。足を踏み入れた途端に鼻をくすぐった新刊の匂いと、店内のきらめき、そして店のあちらこちらで本を広げている人たちの姿は、胸がしめつけられるほどに懐かしく美しい景色だったのだ。

二章

ともに読む

定有堂書店
鳥取県鳥取市元町121

1

ごとごとと音を立てて列車は走った。独特の音がするのは、軽油でディーゼルエンジンを動かして走る気動車だからと知ったのは、ずいぶんあとのことだ。

岡山で新幹線から二両編成の特急に乗り継いでいた。そのスーパーいなばがいくつものトンネルをくぐって中国山地を日本海側の鳥取に抜けるまで、およそ二時間。始発で東京を発ってから五時間が過ぎていた。

鳥取市に訪ねようとしているのは、定有堂《ていゆうどう》書店。その名は「概念的としてではなく実際に存在する」という意味のヘーゲル哲学の言葉に由来する。

福岡市でブックスキューブリック（四章）を営む大井実は、三十九歳で開業するにあたり、本屋とはどういうものか、教えを請うために定有堂書店を訪ねていた。そのいきさつを大井は著書『ローカルブックストアである　福岡ブックスキューブリック』（晶文社）に記しているのだが、中でも次の一節は定有堂書店の主人、奈良敏行の書店業への思いと人柄を想像させた。

〈本屋をやりたいと言って相談した業界のほとんどの人からは、やめておけと言われたが、奈良さんだけは「頑張ろうよ」と言ってくれた。やっていない百人の意見より、実際にやっている奈良さんの一言のほうがはるかに心強かったし、「無人の荒野を行くわけではないんだ」と思えたことは、先が見えず不安な時期の大きな心の支えになった〉

大井が開業したのは二〇〇一（平成一三）年、そして奈良はそれより二十年早い一九八〇（昭和五五）年に鳥取市で書店の経営を始めている。

鳥取県は全国の四十七都道府県でもっとも人口が少ない。その鳥取にある定有堂書店は、全国の書店員の尊敬を集め、「聖地」と呼ばれるとも聞いていた。人口の少ない土地で、書店員の聖地となるまでにはどのような時間が積み重ねられたのか。

鳥取駅から若桜《わかさ》街道という目抜き通りを歩くと袋川《ふくろがわ》にさしかかった。ゆったりとした川べりを眺めながら若桜橋をわたって一つ目の角。角の部分がアールを描くクラシックな三階建ての建物が目的地だった。

角がピンと立った独特の書体で「定有堂書店」と記された入り口から店内に入ると、静かな店内には饒舌《じょうぜつ》な本棚が待っていた。カラフルな紙の筒やモールが惑星のように天井からぶら下がる。右手には新刊コーナー。小説、ノンフィクション、思想書。書評でも多く取り上げられている話題の本がみっちりと並ぶ。続いて人文書、現代思想、哲学、アート。棚のあちこちに見出しがつけられているのだが、「過剰反応をやめる」とか「小さな道しるべと自己肯定」といった言葉は必ずしも棚との脈絡はない。表紙が見えるように面陳列した棚の背中の部分には、古い映画のポスターがコラージュされている。

奈良敏行はレジでうつむいて作業をしていた。挨拶をしたあと、近所のカフェに案内された。

年齢は答えないと言いながら、団塊世代に属するのだと奈良は教えてくれた。おおよその年齢を明かされてみて改めて眺めると、奈良は年齢の見当がつかない風貌をしている。髪はやや長めで、すらりとした長身に身につけたカーゴパンツがさらに奈良を若々しく見せていた。その後も定有堂書店を訪ねるたびに奈良はカーゴパンツを穿《は》いていた。「お好きなんですか?」と聞いたところ、その理由は極めて実用的なものだった。左右の太ももについている細長いポケットが、本やメモ帳を入れるのにちょうどいいのだという。

後日、その日撮影した奈良のポートレートを記事とともに公開すると、大井は「奈良さん、二十年前とちっとも変わらないなあ」と驚嘆の声を上げた。

本と本屋の話になると奈良は話が止まらなくなった。

「駅からここまで歩いてこられましたね。この近辺には私が店を始めたときには二十四軒の本屋がありました。今は三軒です。なぜうちが残ったか？　それは私にもよくわかりません」

そう言われて、つい先ほど歩いた駅からの道のりを順に思い浮かべた。

鳥取駅のホームからはデパートと若桜街道。その先に久松山《きゅうしょうざん》が見えた。かつて池田藩の治める鳥取城があった久松山の麓は、現在は官公庁街だ。

手作り万年筆店に因州《いんしゅう》和紙を扱う文具店、呉服店。同じ場所で商いを続けてきた店が軒を並べる。日本民藝運動を鳥取から支えた医師吉田璋也《しょうや》に由来する鳥取民藝美術館もあった。人通りはまばらで、シャッターを下ろした店舗が目についた。かつての繁華街は静かで、路地裏も人気のない公園も、こざっぱりと掃除が行き届いていた。

バブル経済のとば口にあった一九八〇（昭和五五）年、二十四軒という書店数は人口比で考えても他県より多かったのではないか。書店業が斜陽に転じて以降、二十以上の書店が閉店したのは自然な流れなのかもしれない。そして時代の趨勢《すうせい》を受け止めながら、定有堂は四十年、続いてきた。

2

生まれは長崎で、早稲田大学文学部を卒業後、いくつかの仕事を経て定有堂書店を開業した。鳥取を選んだのは妻の出身地だからだと奈良は話した。

日本海に面する鳥取県は、全国でも秋田県と並んで日照時間が短い。鳥取県民の気質は大人しくて閉鎖的だとも聞くが、奈良によそ者扱いを受けた記憶はない。それどころか、見ず知らずの土地で書店を開くにあたり、地元でタウン誌を発行する若者たちが奈良を面白がり、応援団になったのだという。彼らは県庁や放送局などに勤める傍ら、鳥取の歴史や文化を新しい視点で掘り起こすタウン誌をつくっていて、新しい本屋の誕生を歓迎した。

開店初日、通り沿いにある大きな書店の役員が花束を抱えて訪れた。仲間ができてうれしい。僕はあなたの大学の先輩だよ。何でも相談してほしい。五、六歳も年の違わないその人は奈良をそう励ました。

山陰地方でチェーン展開する今井書店という書店がある。明治初期、医師今井芳斎が蘭学を教える私塾を開き、教材を販売したのをきっかけに鳥取県で最初の書店業を始めた。今井書店は昭和期には地方出版に事業を拡大し、鳥取の文化の担い手となった。花束とともに現れた役員は、今井書店グループのひとつ、富士書店の責任者だった。のちに今井書店の第五代経営者となった永井伸和だ。

私はその後、永井に取材する機会にも恵まれたのだが、永井は書店経営者として鳥取に功績を残していた。昭和四十年代、地域の公立図書館が充実していなかった鳥取県では、「家庭文庫」と呼ばれる民間の図書活動が盛んに行われていた。家庭文庫はその頃全国に広がっていた活動で、例えば東京では児童文学者の石井桃子が自宅の一室を子ども図書館「かつら文庫」として開放したことが語り継がれている。鳥取でも家庭文庫を通して地域の子どもたちに本を読む機会を差し出していた人たちがいた。その人たちが行政に熱心に働きかけ、地域図書館がつくられる原動力となった。この図書館普及活動に書店業の立場から参画したのが、永井と今井書店グループだった。

永井は図書館の公共性を尊び、図書館の公共性を守るためには民主主義が大切であるとも考えていた。その後、永井が組合長を務める鳥取県書店業組合が要請し、鳥取県では公立図書館が本を購入する場合、鳥取県書店業組合の組合店から購入する原則を確立した。この方針について、当時の県立図書館長松本兵衛《ひょうえ》は、のちに出版業界紙の取材に対し「税金を払っているところに還元しなければならない」と語っている。公共図書館を民間が下支えして成功した例は全国的にも珍しいという。さらに、一九九九年（平成一一）から二期にわたって県知事を務めた片山善博は図書館への予算を増やし、現在、県民一人あたりの図書予算は全国一位を誇る。本を売る仕事について公共心の高い書店があり、本を求める市民運動が活発な風土が鳥取には醸成されていた。定有堂がこの土地で産声をあげたのは偶然だが、風土に後押しされた幸運な船出となっただろう。

定有堂が開業した一九八〇(昭和五五)年の出版業界は、一九七〇年代に引き続き売上が前年比を大きく伸ばしていた。のちに「雑誌の時代」と言われ、次々に新しい雑誌が登場する一方で、書籍でも国民的ベストセラーが続出した。一九八一(昭和五六)年の『なんとなく、クリスタル』(田中康夫、河出書房新社)は百万部、同年の『窓際のトットちゃん』(黒柳徹子、講談社)は四百万部を超えた。一九八七(昭和六二)年には『サラダ記念日』(俵万智、河出書房新社)が二一〇万部、同じく村上春樹の『ノルウェイの森』(講談社)は二〇一〇年までに上下巻あわせて一千万部を突破する超ベストセラーとなる。『ダンス・ダンス・ダンス』(講談社、二三〇万部)などの爆発的ヒットも生まれた。一九八九(平成元)年には吉本ばななが『TSUGUMI』(中央公論社、一六七万部)をはじめ、複数の作品で年間ベストセラーを席巻した。

開業にあたり気をつけたことがあるんですよ、と奈良が言った。それは好みで本を選ばないことだという。自分の読書傾向が影響して棚が偏ってしまうことを自戒した。好きな本と売れる本は違う。そのことを頭に入れておくようにと、取次会社日販の関係者から助言を受けてもいた。そして日販に教えられた通りに売れ行き良好書を中心に取り揃えたところ、あるとき、来店客から、こんな言葉を投げかけられた。

本好きの人がつくる本屋だっていうから期待してきてみたけど、どこにでもある普通の本屋だね。

驚いて、どういうことでしょうか、と尋ねる奈良に、本が好きで始めたのなら人文書を充実させるべきだと、その人は具体的に書名や出版社名を挙げた。アドバイスを受けて自分でも本を選んでみると手応えがあった。人文書の充実に力を入れるという定有堂書店の方向性はこのとき形づくられた。

本屋のひしめく繁華街で、書店員経験のない三十歳過ぎのよそ者が、本を売る仕事を始めたのである。営業の仕事は苦手だと思いながら、奈良は飛び込み販売をやってみた。通常は十冊から二十冊ぐらいしか売れない主婦向け女性誌の新年号を十倍売ろうと目標を立て、文教地区の集合住宅に出かけるのだ。学生服販売のセールスをしている知人が、最上階から一軒ずつ訪問するという営業の基本を奈良に教えた。訪問販売は断られるのが前提だ。下の階から上っていくと、断られる辛《つら》さでとても上までたどり着けないというわけだ。当時を奈良はのちに書店員向けの講演で次のように話している。

〈車で二十分ほど離れた大学の周辺の、知人オススメの上品な地域の集合住宅を、三棟ほど訪問販売しました。当然ですが、いずれでも「いらない」と言われましたが、一軒だけ気持ちよく買って下さるお家がありました。理由は、自分はあなたの店の近くに勤めに出ている。あんな遠くからわざわざ来てくれたのだから、つき合いで買ってあげる、頑張ってね、ということでした。当たり前ですが、店を知ってもらうということが、地域の中で生きることとの根拠であり、知ってもらうため、そして肯定してもらうための店づくり、ということの大切さを、いろんな無駄を積み重ねて知りました。私は、「本」は好きですが、「本を売る」ことは不得意です。本が好きで「本」と関わって生きている、というこの「生き方」を媒介項として、「本を買ってもらう」という居場所がつくれれば、一番いいな、と思うようになりました〉（『街の本屋はねむらない』アルメディア）

この「生き方」を体現する試みを奈良は始める。

鳥取大学で心理学を研究する教授と知り合った。教授には、閉鎖的な大学という場所を外に向かって開いていきたいという思いがあった。そこで奈良が定有堂での講義を提案した。「定有堂教室」と名づけた初めてのクラスで、教授は発達精神科医で精神分析家のエリクソンのアイデンティティ・クライシス論である『幼年期と社会』をテキストに選んだ。すると、官公庁や報道関係で働く組織人が仕事帰りに集まってきた。二十代半ばで東京からUターンした人も多く、地元でどう生きるかアイデンティティの揺らぎに戸惑っていた。この心理学教室を皮切りに、定有堂教室はクラスを増やしていった。

ＮＨＫ鳥取放送局のディレクターは「シネクラブ・テイユウ」という上映会を開いた。古典映画や問題作を上映するこの会は、熱心な仲間を集めることとなった。ディレクターが転勤で鳥取を離れる際に別の職員にバトンをつなぎ、十年以上続くことになる。

夜には仕事帰りの本好きたちが定有堂一階の事務室に集まり、自然発生的にサロンのような土壌が形成されていった。大人たちが好き勝手に遊び、奈良は一階のレジで店番をする。奈良が自ら旗を振ることはあまりなかったが、常連客とも遊び仲間ともつかない人たちと一緒に『定有堂リーフレット』や『ブックレット定有』の発行を始めた。書評誌『定有堂ジャーナル』は十年近く続いた。近年は奈良をはじめ地元内外の読書人たちによるミニコミ誌『音信不通』が毎月発行されている。

定有堂教室のクラスで唯一、今も続いている会があるんですよ。

奈良がこう話したのは、カフェから店へとまた場所を戻し、棚の前で立ち話をしていたときだった。そして奈良は、積み上げられた中から一冊の単行本を手に取り、私に見せた。上品で飽きがこない装丁の分厚いハードカバーは『伝えたいこと』という表題で、その下に「濱崎洋三著作集」とサブタイトルがあった。「定有堂で一番読んで欲しい本☆」と印刷された黄色い紙が帯に挟み込まれている。紙にはこんな言葉が記されていた。

インディペンデント・マインド／
「伝えたいこと」は、「大きな声でものをいう人間を信じるな…」
（「最後の授業」から）

定有堂教室「読む会」の源流

「定有堂で読書会を始められた濱崎《はまさき》洋三さんの本です。鳥取西高校の日本史の先生で、ものすごく生徒たちに慕われた方です」
鳥取西高校は鳥取藩校「尚徳館《しょうとくかん》」を承継し、明治維新直後の一八七三（明治六）年に開校した歴史を持つ伝統校だ。
「濱崎先生も鳥取西高の卒業生です。地方史の研究者として鳥取県にとって重要な仕事をされました。五十九歳で癌のために亡くなられたんですが、その直前に昔の教え子たちの希望で『最後の授業』と題する講義をされました。この本は、その最後の授業の講義録や、これまでの論文などを教え子たちがまとめたものです。出版するのはこの一冊だけと決めて、定有堂が版元になりました」

奥付を見ると、発行者は濱崎洋三著作集刊行会、発行所は株式会社定有堂書店とある。一九九八（平成一〇）年二月十三日初版の第三刷だ。

「初版の千二百部はすぐに完売し、二カ月で重版となりました。これはね、うちだけではなく全国の書店で売れるようにと、地方・小出版流通センターが取次を引き受けてくれたんです。うちでいちばん売った本ですし、今もいちばん読んでほしい本です」

そして、濱崎の始めた読書会は主催者亡き後も引き継がれ、間もなく四百回を迎えるという。

定有堂書店を知る参考に『伝えたいこと』を購入しようとすると、奈良は私を制し、これはプレゼントしたいからと紙袋に包んでくれた。

3

幸運が降ってきたのは、定有堂について書いた記事をオンラインで公開してから三カ月ほど経った頃だった。鳥取大学医学部附属病院の広報誌編集チームに参加することになったのだ。本を巡る鳥取の風土に惹《ひ》かれていた私にとって、願ってもない機会だった。

鳥取大学医学部附属病院のある米子で泊まりがけの仕事を終えて、電車で一時間半ほどの鳥取市に奈良を訪ねる。一緒にカフェに行くと、奈良は、今気に入っている本のことを話してくれる。それは思想書や哲学書が多かった。奈良は本当にすごいと思った本の話になると、自分がどこに感心したのかを夢中になって語る。その熱心な語り口を聞いているうちに、難解そうな思想書でも読んでみようかなという気持ちになる。こうして鳥取から担いで帰った本が机の上にどんどん積み上がっていく。取材しているテーマで行き詰まったときには「これ、参考になるかもしれませんよ」と奈良が本を紹介してくれることもあった。自分では見つけられなかったような角度の本に、新しい窓を開いてもらったような思いがした。

正直なところ、私は奈良の話に半分もついていけない。哲学や思想、社会批評などの前線の話はもちろんのこと、日常の些事《さじ》についても「このもの性」とか「本屋的人間」といった観念的な奈良の言葉遣いは、難解に聞こえることがよくある。だが、難しい言い回しにもかかわらず、奈良の語る対象、特に人間に対するあたたかさはいつも感じることだった。そして、奈良はブランドとかプロデュースといったビジネスの臭いのする言葉には警戒心が強いようだが、そうではない限り、どのような人に対しても、厳しい批評でやっつけようとすることのない人だった。

二〇二〇（令和二）年はコロナ禍で世の中が一変した年だった。鳥取県は平井伸治知事の主導により徹底した水際対策がなされ、感染拡大はかなり抑えられていた。その一方、町の人たちには県外からの来訪者に対する警戒感が生まれ、気軽に訪ねられる雰囲気ではなくなってしまったが、奈良はそれでも連絡すればできる限り時間をとってくれた。

鳥取県立図書館の司書に奈良が引き合わせてくれたのは、そんな折りだった。すでに触れたが、鳥取では、今井書店グループの永井伸和が率いた書店業組合が県に働きかけたことから、公立図書館と書店組合が連携していて、組合に加盟している書店は、自分がよいと思う本を図書館に納入することができる。毎月一回、書店主は、図書館に納入することを念頭に取次に注文した本を、図書館のバックヤードに設けられた本棚に納入する。司書はそれらの本の中から選んで購入する。二〇二〇（令和二）年現在、定有堂書店を含めて七つの書店が図書館に本を納めている。本が売れなくなったのは新刊本を多数貸し出している図書館のせいだという論調が取り沙汰されたことがあったが、鳥取の図書館と本屋は共存の方法を模索し、うまくいっているようだった。定有堂においても図書館納入による売上は、経営の大きな柱になっているという話だった。この仕組みは他の自治体でも書店の存続を支える有効な手立てになるのではないかと思えた。

鳥取県立図書館は定有堂から久松山に向かって歩いて五分ほどのところにあった。同じ建物に公文書館も入っていて、道を挟んで県庁舎がある。職員通用口から中へ入る奈良の後に続いた。そこで出迎えた図書館職員に対し、腰を低くして挨拶をする奈良にはっとさせられた。それは、本は好きだが売るのは苦手だった若い日の奈良が商人の立ち振るまいを身につけるまでに奮闘した時間の経過を見たような思いのする姿だった。そのときの奈良を思い出すと、今も私は改まった気持ちになる。

紹介された司書高橋真太郎の後を奈良とともに私はついて回った。最後に特別な場所に案内しますよ、と高橋が職員用階段を下りていく。すると、地下の巨大な書架が現れた。少し天井の低い空間がかなりの奥行きで広がり、スチール棚が整然と並ぶ。ここに膨大な量の資料が保管されている。戦局を伝えながら愛国心を煽《あお》る言葉が見出しにとられた週刊誌や、敗戦直後に黒く墨で塗られた教科書を高橋が示した。

「資料を保管することも図書館の役割のひとつです。歴史を伝える仕事でもあります」

高橋によれば、ビジネス情報の提供にも力を入れ、県内での起業や事業開発に図書館機能が役立つようなサービスを目指している。入り口のベンチには、東京の公園で見かけるような寝ころび防止の仕切りはない。冷房の効いた空間に涼みにくるのでも、昼寝をしにくるのでもかまわない、どんな人でもうちは歓迎しますと、高橋は胸を張った。

奈良との対話では読書会が話題に上ることがしばしばあった。私は、許されるものなら読書会に参加したいと思っていた。だが奈良は、うちの読書会は一種独特なんですよね、と言いはするものの、取材としての参加には気乗りしないようだった。聞けば、発起者の濱崎洋三が健在だった頃、一度だけ放送局の取材を受け入れたことがあったが、「読書会なのだからこういう雰囲気で」とリクエストするディレクターに対して違和感を持ち、以後、取材は断っているのだという。奈良には読書会について広く知らしめたいとか、定有堂を有名にしたいといった欲がないようだった。だが、それ以上に、この読書会に土足でずかずかと踏み込んでほしくないという気持ちの表れのように思えた。

その奈良が私に読書会への参加を許したのは、知り合って二度めの夏を迎える頃だった。地元の報道関係者も参加しているわけですから、あなたを断る理由もないですし、と奈良は言う。その頃にはもう、私が奈良を訪ねる目的も、取材とプライベートの境目が曖昧になっていた。

私は読書会の開かれる日に合わせて定有堂を訪ねることにした。

六月のある夕刻、定有堂書店二階の読書会が行われる部屋に、眼鏡にノーネクタイでスーツを身につけた男性が現れた。

「学校でコロナの集団感染があったものですから、しばらくは大変でした」

鳥取弁のイントネーションが耳にやわらかい。鳥取県立鳥取商業高校の校長、岩田直樹だ（現在は公立鳥取環境大学特任教授）。五月の連休明けに同校のバレーボール部でクラスターが発生し対応に追われたのだという。岩田は読書会で選書と進行役を務めている。

「読書会は当初、『岩波新書を読む会』として始まったんですよ。短くして今は『読む会』と呼んでいます」

書店業界には委託販売の商習慣がある中で、例外的に岩波書店は書店に返品を認めていない。そのため定有堂書店は店頭で岩波新書を取り扱っていないが、実は客注は多く、売上は鳥取県内で上位に位置している。

だが、『読む会』のテキストとして選ばれた岩波新書が定有堂書店の棚に並んでいるわけではない。つまり、「岩波新書を読む会」と銘打った読書会は、定有堂書店の本を売るために開いたのではないということだ。

岩田が県立鳥取西高校の生徒だった頃、濱崎は鳥取の教育界や文化界で知られる名物教師だったが、岩田は直接教わったことはないという。

岩田は小さい頃からよく本を読み、高校では理系クラスに属しながら思想書や哲学書を読みふけった。一九八〇（昭和五五）年に東京大学に入学し、地球物理学専攻の大学院生だった二十二歳の頃、海洋調査船に乗り込むにあたり、四十五日間の船上生活で読もうと思想書や哲学書を持ち込んだ。洋上で毎日本を読んでいるうちにふと、地球という惑星の何億年もの問いに向き合うより、人間の問題に関わる方が面白いのではないかと思った。その後、岩田は教育学部に編入し、卒業後は地元に戻り、県立高校の数学教師を仕事に選んだ。

母校鳥取西高で数学教師として働き始めて数年がたったある日、岩田は人を介して濱崎から読む会に招かれた。岩田は鳥取出身の科学者橋田邦彦を題材に執筆した論文「橋田邦彦の思想とその源泉——総力戦体制下の科学と思想」を鳥取西高の紀要に掲載していた。濱崎はそれを読み、感銘を受けたのだった。濱崎の命を受けて岩田に連絡したのは奈良だ。

名物教師の主宰する「読む会」に三十二歳の数学教師が参加してみると、そこには十人ほどが集まってテキストについて語り合っている。えらく熱心に本を読む人たちがいるなあ、変わった人たちがいるもんだなあと思ったが、不思議と違和感はなかった。

昭和から平成へと時代が移ったその頃、職員室の風景が少し変わってきたのだと岩田は話した。

「先生たちが本を読む姿が見られなくなってきました。戦後世代が半数を超えたことも影響しているんじゃないかと思います。僕らが高校生だった頃、濱崎先生やそれより上の旧制中学出身の先生たちは、思想や哲学の本を普通に読まれていました。だいたい、当時の先生たちは職員室にもいませんでした。各教科の準備室で比較的好きに本を読んだりされていたんじゃなかったかなあ。それに比べて、今の先生たちは忙しいですからね」

でも、だからと言って、本を読まないのが悪いとは僕は思いませんと、岩田はこう続けた。

「本を読むのもパチンコをするのも趣味というか、好みにすぎません。ただ、本を読まない人が増えると文化が変わっていくのは確かだと思います」

岩田が「読む会」に参加するようになった翌年、一九九六（平成八）年九月に濱崎は旅立ち、しばらくして岩田が「読む会」の選書係を引き継いだ。四半世紀の間に教員の仕事量はさらに増え、岩田も日々の忙しさを実感している。「読む会」のためのテキストも以前は毎月発表していたが、選書が遅れると読む時間が取れない人も出てきてしまうため、岩田が選書係を正式に引き継いだ二〇〇八（平成二〇）年からは、前の年の暮れに一年分を選書して伝えているのだという。岩田は年に七、八十冊の人文書を読む。その年に読んだ本の中から選書をするため、テキストは話題になって少し時間が経ったもの、かつて話題になったものなどさまざまだ。

十人ほどの顔ぶれだったが、濱崎の死去後に参加者が減り、一時期は四、五人になった。参加者は少なくなっても、特にやめる理由は見つからない。そもそも会則などない。出席できる人たちで続けているうちに、五、六年前から大学生や二十代など若い世代がやってくるようになり、現在は十人前後が集まる。若者の参加が増えたわけを、高いレベルで物事を知りたいという欲求があるのではないかと岩田は推し量った。そして、そんなふうに変化しながら「読む会」が続いてきたのはゆるいからだと笑った。

「意見は言っても、他の人の発言は否定しないというのがルールといえばルールでしょうか。そもそも、事前に読まなくてもいいんです。私自身、久しぶりに来られた方の名前を忘れていることもあります。いつでも誰でも来ていいし、出欠も取らなければ、要もない。でもまあ、そんなゆるい感じがいいんじゃないでしょうか」

雰囲気はゆるいが、選書は硬い。二〇二〇（令和二）年のラインナップは次のような本だった。

一月　『ギリシャ語の時間』ハン・ガン　晶文社
二月　『紙の動物園』ケン・リュウ　早川書房
三月　『中動態の世界』國分功一郎　医学書院
四月　コロナ禍のため中止
五月　『三体』劉慈欣　早川書房

六月　『未来への大分岐』マルクス・ガブリエル他　集英社新書
七月　『江戸の読書会』前田勉　平凡社ライブラリー
八月　『戦争と農業』藤原辰史　集英社インターナショナル
九月　『紋切型社会』武田砂鉄　新潮社
十月　『外国人が見た日本』内田宗治　中公新書
十一月　『日本奥地紀行』イザベラ・バード　平凡社ライブラリー
（十二月は忘年会）

「近年、周りの教員を見回しても本を読む人は少ないと思います。そもそも教員に暇がない。教育現場では、ＩＣＴ教育に力を入れよという国の方針があり、一人一台タブレットを持たせるようになっていますね。でも、韓国は二十年ぐらい前に早々とＩＣＴ教育に失敗している。結局、ＩＣＴ教育で学力が上がるというエビデンスはゼロ、むしろ教師と生徒とのコミュニケーションが阻害されるという結論になったんです。目の前に人間がいるのになぜタブレットを見て教育しないといけないのか。無駄なこと、とまでは立場上言えないのですが」

教育の現場からも本は姿を消しつつある。その一方で、この街には今も、難解な部類に入る思想や哲学をはじめ人文書を取り扱う定有堂書店の支持者がいる。

「ほんと、そうですよね。今、僕は商業高校に勤めていますので余計に奈良さんのビジネスモデルが知りたいんですよ」

岩田は本気とも冗談ともつかない顔で笑った。

午後七時が近くなり、室内に人々が集まった。机の隅に置かれた小さな籠《かご》に各々が百円玉を一枚入れて席に着く。

室内は冷房が効いているが、換気のために奈良が窓を半分ほど開けると、夕空がのぞいた。青と灰色が混じったうすい曇り空に、夕焼けのオレンジ色がにじんでいる。

この日のテキストは経済思想家斎藤幸平の『人新世の「資本論」』（集英社新書）。二〇二〇（令和二）年九月に出版されて一年足らずで三十万部が売れたベストセラーだ。

ロの字に組んだ机を十五人ほどが囲み、名前を名乗る程度の簡単な自己紹介が一巡した。いつもの顔ぶれに加え、初参加の人も半分ほどいるようだ。社会主義の象徴であるマルクスを引用しながら成熟しきった資本主義の問題を問い、脱成長主義を訴えたこの本について、どう読んだか感想を述べる人たちの言葉に耳を傾ける。

この著者の言わんとすることはわかるがなぜマルクスを持ち出すのか、資本主義から脱してコミュニズムへ行けるのか、といった、どちらかというと懐疑的な考えを表明したのは、シニア世代の出席者たち。〈コモンの領域を広げていくことによって民主主義への理解を外へと広げ、生産の次元へと拡張していくことがある〉とする著者の主張には、ベテラン勢はやや冷ややかだ。

シニア勢に対し、三十歳ぐらいの男性は異なる見方を示した。

「著者は個々の労働運動や小さなコミュニティを重視し、そこから現場を変えていくのが重要なのだと言っているのではないでしょうか。どうなるかはわからないけど、現場での実践を通して変えるというスタンスなのではないかなと思いました」

僕は共感しましたと言うと、その人は経済学者宇沢弘文《うざわひろふみ》の『社会的共通資本』を比較して例に挙げた。同書は、競争原理が行きすぎた現代社会や環境問題の先送りを批判しながら社会的共通資本という概念をもとに、農業、都市、学校教育、金融制度、医療制度、地球環境といった問題について考えるヒントを指し示した。

「宇沢弘文も『社会的共通資本』で結論ややり方まで書いているわけではないと思うんです」

鳥取県米子市出身の宇沢は、早くも一九七〇年代に経済活動の環境にかける負荷を憂い、経済原理主義から離脱する循環型経済社会を問うた。こうした宇沢の問題提起を紹介した男性の発言をきっかけに、若い参加者から協調する感想が続いた。脱資本主義に共鳴し、小さな行動でもいいから行動を始めてみようという人たちだ。

対するシニア世代からは、ミクロレベルで社会をつくっていくという考えは正しいけれど、それで二酸化炭素の排出量が減るわけではないから、と懐疑的な意見が出た。人生を長く生きて先が見通せてしまうのか、若い著者の論理展開はやや甘いものとして映っているようだ。

一冊の本を巡ってさまざまな世代たちの対論が広がっていく。同じ本を読んでも、そこから受け取ったものや頭に浮かんだ思考は驚くほど異なる。頭や心を一冊の本が刺激し、刺激により動き出した脳内や心の中の運動を、人々が言葉にのせて分け合う。常連だけでなく、初参加だという人も、読書会体験自体が初めてだという人も、臆することなく意見を交わしている。

奈良はテーブルにはつかず、窓際の席で換気に目配りをしている。

一時間が過ぎる頃、発言の中に少しずつ個人的な話が混ざり始めた。

東京から鳥取の智頭町《ちづちょう》に移り住んだシニア世代の女性は、有名書店の元書店員だった。循環型農業に先進的に取り組んでいる智頭町に暮らし、農業を実践しているのだという。

三十歳ぐらいの女性は、長く続けていた団体職員の仕事を先月辞めたばかりなのだと話した。コロナ禍でいろんなことを考えて、強固過ぎるシステムから距離をとる選択をしてみたと、笑顔を浮かべた。これからのことは未定だというその人は、不安もあるだろう。だから『人新世の「資本論」』を読むこの会に参加したのかもしれない。

4

ひとつの本屋が、同じ場所で三十年以上も読書会を続けている。

毎月発行する『音信不通』の編集作業と原稿執筆だけでも奈良は相応の時間を取られているはずだ。レジや店内の整理、届いた本を棚に並べるといった日々の業務は二人の従業員にある程度は任せられる。一人は三十三年、もう一人は二十六年勤めている、定有堂に欠かせない人たちだ。奈良が定有堂はあの二人がいないと成り立たないと言うほどだ。

だが、それでも、選書、棚づくり、図書館をはじめとする地域との関係づくりなど、定有堂書店は奈良という書店主の人格によって成り立っている。人文書では鳥取県で随一といわれる棚を維持するには、私たちの想像を超える手間暇がかかっているだろう。

一般に還暦を過ぎると荷物を軽くしたい思いに駆られるとも聞く。六十歳を過ぎてだいぶ経つ奈良が、主宰は岩田に任せているとはいえ、「読む会」を継続しているのはなぜなのか。ただ続いてきたというには清々しい会のありように、恐れ入ったという思いとともに疑問も残った。

「読む会」の発起人、濱崎洋三と関係があるのではないか。そう思い、帰京した私は濱崎の遺稿集『伝えたいこと』を開いた。初めて定有堂を訪ねた際に奈良から手渡された、定有堂書店が出版した本だ。奈良から贈られたこの本を自宅の本棚に置いたままにしていたが、読む会と濱崎と奈良の関係性を探るすべは、濱崎を知ることにあるのだろうと思った。

四百ページを超える『伝えたいこと』は、研究論文をまとめた第一部、地方史研究私感と題したタウン誌への寄稿を中心に歴史関連のエッセイからなる第二部、第三部は日常に目を向けた評論。そして最後に講演録の第四部という構成だ。濱崎は京都大学文学部史学科の出身で、鳥取県教育委員会が鳥取県史編纂のためにつくった編集室に十年以上出向するという特殊な経歴を経ている。

巻頭は、濱崎が一九八一（昭和五六）年新年に山陰中央新報に寄稿したコラムから始まった。「往生際を考える――地方史研究の視点」と題した原稿用紙四枚ほどの文章だ。年が改まるたびに、往生際の悪い生き方だけはすまいと心をひきしめることにしていると、意気軒昂に文章は始まる。ところが読み進んでいくと、世間が「地方文化の時代」と言いながら、その実、中央、つまり東京の論壇やアカデミズムを中心とした権威に支配されていることに濱崎は反発していた。濱崎はこうも言う。社会だとか、文化などと言うものは、否定と破壊があってこそ、新しいものに生まれ変わるのだと。そして、自身も含め、地方を足場に文化を考える者は、自分の内側にはびこる中央志向や権威主義を否定する覚悟をせよ、地方史研究には論争こそ大切だと強調する。

本編第一部の研究論文のページを開いた。鳥取地方の古代史に残る豪族、因幡《いなば》氏は名前の通り、この地方を代表する豪族として知られる。だが、従来の郷土史研究では取り上げられることが少なかった。律令制の敷かれていた古代、国衙《こくが》と呼ばれた地方政務を執り行う区域は因幡氏の所有していた地方とは別の土地にあり、その土地に関する研究が盛んだったためだ。濱崎は、この因幡氏の成り立ちの解明に論文「古代の鳥取」で挑んだ。千年前の公卿藤原行成《ゆきなり》の日記『権記《ごんき》』と平安時代に書かれた歴史書『日本紀略』の二冊を中心に、『古事類苑《こじるいえん》』『続日本紀《しょくにほんぎ》』の四つの史料を読み、検証し、それぞれの史料からつながりを見つける。論じ終えるにあたっては、因幡氏の興《おこ》った土地を示し、現代と古代とのつらなりを考えさせる構成だった。

濱崎は、県史編集室から四十代で高校教師の現場に戻ったあと、県立公文書館長、県立図書館長の役職を通して、鳥取県の歴史と本に関わり続けた。

古文書を読み解くだけではいけない。当時の人々が日々の暮らしの中で何を思い、どう生きたかにまで思いを巡らさなくては地方史の研究者とは言えないと、濱崎は手厳しい。他方、先人の掘り起こした歴史に対し、ときには歴史を書き換えるほどの新しい問題意識で挑まなくてはならないとも言う。こうした問題意識の背景には、鳥取の史実を検証してきた先人への尊敬があったと、濱崎は書いている。

江戸期の鳥取では二つの歴史に残る地誌がまとめられている。そのひとつは、慶長年間に鳥取池田藩に仕えた藩士野間宗蔵《のまそうぞう》が、藩内の地理や人々の暮らしの史実や伝承を全四巻の地誌『因州記』として遺した。野間は『因州記』の末尾に参考文献を記し、典拠を明らかにした。江戸末期には、やはり池田藩藩士で史学者の岡島正義《おかじままさよし》が、野間の『因州記』を基に、さらに深い史料収集と、実際に現地を踏査する精緻な考証により、地誌『鳥府志』をまとめた。岡島は、野間の『因州記』の編集手法に倣い、『鳥府志』の巻末に資料の出典を細かく記した。自身が野間の著した地誌『因州記』に学び助けられたように、後の時代の史学者たちにとって、前の時代の記録が史料となる可能性に配慮していた。岡島は、検証と論理的分析に優れ、先人の著述を批判することをためらわず、また、推論を展開したうえでも疑問の残る部分については「猶《なお》、後哲《こうてつ》を俟《ま》つ」とした学者としての勇敢さと謙虚さを濱崎は敬《うやま》った。

濱崎は声の小さな人にも目を向けていた。その視座が顕著に表れている文章がある。明治初期に北海道の開拓団として、鳥取から釧路に渡った鳥取士族についての短文だ。

明治初期、領地を失い、家禄の処分によって失業した士族が北海道に多数入植していた。彼らは北海道で鳥取村を開村した。開村のいきさつは、輝かしい開拓成功の歴史として村史にまとめられている。だが、濱崎は、士族の知られざる横顔にも着目した。ある士族は戊辰《ぼしん》戦争で活躍していながら維新政府に登用されることはなく、北の開拓団に加わっていた。ロシア南下に対する国防の役割も担った屯田兵《とんでんへい》開拓団には暖かいロシア式暖炉が与えられたが、農業開拓団である鳥取士族たちには暖房設備がなかった。移住一年目には収穫に事欠き飢えに苦しみ、わずかな酒を巡って一団に仲間割れが生じた――。こうした教科書には載らない歴史と市井の人々の絡み合いに濱崎は目を向けた。そしてもう一歩、濱崎は同胞たちの歴史に踏み込んだ。鳥取士族が釧路に開村したことにより、それまで釧路川のほとりに暮らしていたアイヌの住人たちが追われ、疎外されていったことに触れ、鳥取から去らざるを得なかった彼らがアイヌにとっては強者でもあったことを指摘していた。

「読む会」に触れた箇所もあった。曰《いわ》く、集まる十人前後の人たちが毎回三分の一ぐらいが入れ替わること、思想構築を目的としないこと、あくまで平均的な市民層が集まるのだから、自由に感想を話し合うことを大切にしていること、そして、教養主義的な読書のあり方や日常生活から遊離した論理思考は嫌いであること……。

研究者としては定説や通説におもねらず論戦を挑んでいく厳しい姿勢をとりながら、徹底して声の小さな人の側に立つ。濱崎がそんな歩き方をするようになったきっかけについて書かれた文章がある。一九七四（昭和四九）年の終戦の日に山陰中央新報に寄稿したエッセイ

「私にとっての戦後」だ。九歳で終戦を迎え、教師の態度がガラリと変わったことに人間の弱さを知ったことと、京都大学を去り高校教師の職を選んだ経緯が記されていた。大学の研究室では、自分で考えることよりも一定の歴史分析の手法を習得することを重視するような雰囲気に淋しさと失望を覚えたという。安保条約締結を巡り大学内の緊張が高まる中、国家予算によって成り立つ国立大学で恩恵を受けながら国家批判をするダブルスタンダードへの違和感も募《つの》った。濱崎にとって、それは終戦後の大人のいやらしさを再び思い出させるものだった。

そして、濱崎は大学という権威から離れ、声の小さな人の側に身を置くことを決めていた。帰郷して高校教師の仕事を選んだのは、「若い生徒達と一緒に遊べること、自分なりに郷土史の勉強ができる時間的余裕がある」からだった。そして、「はみ出し生徒」達との出会いについて触れ、彼らとともにある時間が教師生活を豊かにした。濱崎はこうも書く。

「支配者の理論を拒否し続けること、大声をはりあげて人を動かそうとすることに決別すること、これが私に課せられた今後の課題である」

5

奈良の思春期から青年期にあたる一九六〇年代は社会運動が激化した時期だ。一九六〇年代後半にはベトナム戦争や日米安保条約改定期限が迫り、反対運動が各地で行われていた。学生運動はその中でもある種の存在感を持ち、一九六八（昭和四三）年には、学生による授業放棄、ストライキ、建物の封鎖占拠のいずれかが起きた大学の数は、四年制大学の三十四パーセントにのぼった。奈良が早稲田大学に入学したのは一九六七（昭和四二）年、学生運動のただなかで、授業はほとんど行われないまま、押し出されるようにして大学を卒業している。奈良の属する団塊の人たちは、組織と個人の関係を「疎」という言葉で論じ合った世代だという。卒業後は松竹に入社し、歌舞伎の興行職に就いたが、二年で退職して郵便局員になった。奈良は大学卒業後、学ぶことへの渇望から「寺小屋教室」と名づけられた自主講座で学び始めていた。だが、松竹の仕事では、歌舞伎の興行に同行するため出張が多い。奈良は学ぶことを優先するために松竹を辞めたのだった。

あるとき、喫茶店でも始めようかと言う奈良に仲間たちは古本屋がいいよと口々に勧めた。それならばひとまずどのような商売なのか見てみようと、奈良は早稲田の古本屋に出入りするようになった。番台に座り店番の真似事をさせてもらい、古書を仕入れるための交換市にも同行した。だが、鳥取市には交換市が存在しないことがわかり、あきらめざるを得なかった。古本屋の主人はかつて思想関係の雑誌の編集者だった人物で、雑誌が休刊になったことから自分の蔵書を元手に開業していた。相談しているうちに、新刊書店への気持ちが芽生えた奈良は、新刊書店を開業するならば取次との口座が必要だと知った。その頃、ひょんなことから、友人の義兄が勤める日販に紹介を受けた。すると、日販は奈良が本屋の実際を経験できるよう、奈良の暮らしていた郊外の駅ビルの書店に奈良を紹介した。奈良は郵便局勤務の合間にこの書店で実務を教わり始めた。店長は、勉強になるからと、取次会社が発行する業界誌のバックナンバーを分厚いファイルごと手渡した。業界誌には、売れ行き良好書のランキング、各地の書店経営の動向など、書店業の後ろ側が詰まっていた。

こうした準備期間を経て鳥取市に移り住み、定有堂書店を開いた。

そして、直後に奈良は濱崎に出会った。妻が濱崎の教え子だったのだ。

一九七八（昭和五三）年に創刊した地元のタウン誌に濱崎が寄せたエッセイに次のようなくだりがある。

〈さて、私は現在なぜこの鳥取地方の歴史に興味を持ち、これを研究することを仕事とするのか。正直に言えば、明確な所はわからない。一つにはこれで生活が営めるという大きな理由がある。しかし、何故その道を選んだのかには、解答とはならない。私は都会で生活することを拒否して、故郷で生活することを、青春の時期に選択した。それ以来、自分をして生活の場として選択させた故郷鳥取とは何であるのか、それを見極めたいとする知的衝動が、私の現在の仕事を支えているというのが、一番妥当な表現であるように思われる〉(『スペース』創刊号)

四十六歳で県史編纂を終えて教壇に戻った濱崎は、五十二歳の頃、定有堂書店で「岩波新書を読む会」を始めた。そのとき、ひとまわり若い奈良は四十歳だ。中央志向から距離をとり、鳥取という地方で生きることを選択した濱崎は、人生の歩き方に共通するところのある奈良を、特別な眼差しで眺めていたのではないだろうか。

五年後、濱崎は県立図書館館長の職に就いた。濱崎は奈良にこう話したという。

「図書館の職員は本が好きなだけではなく、人が好きでなくてはならない」

濱崎の言葉にある「図書館」を「本屋」に置き換えて大切にしているのだと奈良は言った。

濱崎が旅立って二十五年が過ぎた。

定有堂書店は棚に並ぶ人文書や「読む会」を通じ、声の小さい人の側に立ち、彼らの支えとなる居場所になってきた。その定有堂書店という場所に、「読む会」という遺言を濱崎は遺した。そして奈良は濱崎に約束したのではないだろうか。

それは濱崎と互いに交わした決めごとというよりは、旅立つ濱崎への感謝とともに、自身の内側に秘めた決心のようなものかもしれない。

鳥取の町で、本を通して人を愛《いつく》しむ本屋であり続けることを、濱崎に対して奈良は誓った。そしてそのひとつの証が、定有堂書店が続けてきた「読む会」だったのだ。

三章

たらいの水

ウィー東城店

広島県庄原市東城町川東1348-1

1

曲がりくねった上り坂で四代目が懐かしそうな顔をした。

「小学生の頃には父の運転する車の助手席に乗って、一緒に配ったものですよ」

子ども時代に父と新聞配達したという場所を、車は通過しようとしていた。

父が道路の端にエンジンをかけたまま車を停め、息子は新聞を手に客先の玄関まで駆けたという。

一帯の標高は四百メートルほど、平地に比べて平均気温は三度ほど低い。晩秋の朝には車のフロントガラスに張りついた霜を熱湯で溶かすひと手間が欠かせず、冬は雪が地面を覆う。

一月の午後、中国山地の広島県神石高原町《じんせきこうげんちょう》を車は走る。

快晴だが、風は肌を刺した。

小学生の少年には早起きがつらい朝は数え切れなかっただろう。お父さんは跡取り息子に小さなうちから商売を教えようとしたのでしょうか、と尋ねると、

「いや、単に休みの日に配達してくれる人を確保するのが大変だったからじゃないですかね」

と四代目は笑った。父のもとで家業を体験した記憶は、その後変わりゆく地域のありようと、本を届ける仕事について考える原点となったに違いない。

急な下り坂の道沿いに集落が現れた。

旅館や雑貨店の看板はすっかり色褪《いろあ》せている。それは商売を閉じてから相応の時間が経過していることを伝えていたが、地域が賑わっていた時代を想像もさせた。

大きな構えの屋敷が目を引いた。享保元年創業の三輪酒造だ。地下五十メートルから汲《く》み上げた軟水と地元広島産の米で、五人の蔵人《くらびと》が清酒「神雷《しんらい》」をつくる。現当主は十五代。ハンドルを握る四代目と同じ一九七六（昭和五一）年生まれだ。

酒蔵の前を通過すると、「本」の文字が太々と記された大きな看板が現れた。

四代目佐藤友則の曽祖父、浅太郎《あさたろう》が商売を始めた場所だ。佐藤家が本店と呼ぶここを拠点に、書籍はもとより、地元の小中高校への教科書納入、県紙中国新聞の配達などを行ってきた。新聞販売業としては県下で二番目の歴史を持つ。

友則が車を停めて外へ降り立つと、初老の男性が建物から出てきた。背の高い友則に対し、三代目の佐藤洋は小柄だった。七十歳を過ぎていると聞いていたが、ジャンパーの襟元からのぞくギンガムチェックのシャツは洋を若々しく見せた。洋の後ろからにこやかな顔をのぞかせた洋の妻照子は、すらりとした身体に白いシャツをしゃっきりと着こなしている。照子は福山市の和菓子職人の家に生まれ、二十三歳で洋と結婚してこの町にきた。

総二階のゆったりとした建物に案内された。雑誌のラックが右に陣取り、壁面の棚に新書や実用書が並ぶ。奥には化粧品コーナー。化粧品は照子が取り仕切る。店舗の裏側に新聞を仕分けするスペースが見えた。新聞にチラシを折り込む機械が置かれている。二階は家族の住まいで、四代目を筆頭に四人の子どもがここで育った。

この家で暮らしていた頃、洋は熾烈《しれつ》な横顔を見せていたと、ここまでの山道を走りながら友則は話してくれていた。雑巾を絞り切るような洋の値切り交渉に音を上げた自動車販売会社の営業マンが涙をぽたぽたこぼしながら帰る姿を、友則は記憶している。父は子どもたちに手を上げることもあった。特に友則と弟の日出夫に対しては厳格な父だったが、何かにつけて友則は要領よく逃げ切り、実直な日出夫がターゲットになりがちだったらしい。その日出夫ものちに暮らしていた関東からUターンし、兄とともに商売に参加することになる。

話に聞いていた父親像は年齢を重ねて影を潜めたのか、目の前の洋はまなざしは鋭いものの、おだやかな口ぶりだ。

「初代は浅太郎と言いまして。ええ、私の祖父です。浅太郎は山深いこの土地で牛に荷車を引かせて行商から始めたんです。扱う商材は書籍や新聞にとどまらず、衣類や長靴、ろうそく、文房具、煙草まで、地域の万屋《よろず》のような役割を担っとったんだと思いますね。でもね、何より貴重だったのは本や新聞だったんですよ」

さまざまな商材を扱う佐藤家の商売の特徴にちなんで、社名は総商さとう。それは立ち話で聞くのは恐れ多いような、この土地に根ざした実業の歴史だった。

二日前、私は創業の地から北へ二十キロほど離れた庄原《しょうばら》市東城町《とうじょうちょう》に友則を訪ねていた。東城町には総商さとうの支店がある。ウィー東城店というその書店がすごいのだと出版社に勤める知人に教えられたのは十年近く前のことだった。その人は編集部から営業部に異動になったのを機に、日本各地の書店を回っていた。仕事で訪れるのは売上上位店が中心だったが、出張先からさらに足を延ばし、地域の特色ある書店を訪問していた彼がほとんど絶賛したのがウィー東城店だった。

「本という商材を特別視せず、小売業の可能性に挑んでいる店なんです」

と、自身も人口の少ない土地で自営業の家に育った彼は、経営方針に感心しているようだった。

前日の夕方、鳥取市での取材を終えて、鳥取駅から山陰本線で米子へ向かった。米子駅そばのホテルに泊まり、朝九時台の伯備線で岡山県の新見《にいみ》駅を目指すのだ。翌朝予定通りに米子を出発し、午前十時過ぎに新見駅で下車した。

岡山県新見市と広島県庄原市は県境をはさんで隣り合う。新見駅で芸備線に乗り換えると三十分ほどで東城駅に到着するが、運行本数は一日に五本ほどで、時間が合わなければ数時間待つことになる。そのため友則が新見駅まで車で迎えに来てくれていた。

友則はハンドルを握りながら、この地域の書店を巡る概況を説明してくれた。

「新見駅前に出店したチェーン書店は撤退しました。書店は伝統的に家賃が安く設定される業種だったのですが、ここの大家さんは通常通りの家賃にしたと聞きました。ですので、売上と家賃のバランスが取れなかったんでしょうね」

シャワー効果って知っていますか？　と、友則はこんな話をしてくれた。昭和の頃、書店はテナントとして人気の業種で、例えばデパートでは上階に書店を誘致することが多かった。来店客の足はまず書店のあるフロアへ向かい、上階から下階へと下りていく。シャワーのように階下に向かって客足が広がっていくことなのだという。

「書店業界には、書店は文化の灯《あか》りだから特別扱いしてほしいという人たちがいます。僕はそれはおかしなことだと思っています。書店だって他の小売業と同じですよ。でも、書店がなくなると、地域への打撃は大きいです。何より、地域の文化の質が変わります」

車は両脇に切り立つ山々を見ながら進んで行く。そして二十分ほど走った頃に平地が開けてきた。東城町の中心地だった。

東城町は二〇〇五（平成一七）年の合併で庄原市に組み込まれるまで、広島県の町村の中でもっとも面積の広い町だった。人口三万七千人の庄原市は旧東城町を入れると七つの市町からなるが、書店はウィー東城店を入れて三店舗にとどまり、四つの町に書店がない（二〇二〇年一月当時）。

2

見たところ、それはどこの町にでもあるような郊外型の書店だった。

看板には、赤い大きな文字で「本・化粧品・CD・文具」とある。平屋で四角い建物の百坪の売り場は、半分を書籍・雑誌・コミックが占め、隣に文具のコーナーがある。レジの前には地元の特産品が並び、八席ほどのこぢんまりとしたコーヒースペース。右奥には白を基調とした化粧品スペースがピカピカと輝いている。

ウィー東城店のような複合型の形態をとった書店は珍しくはない。一見すると新しさはないウィー東城店だが、来店客数を聞いて驚いた。人口七千二百人（二〇二〇年）の町で、平日でも二百人を超える日があるという。もちろん、その全てが書籍の売上ではないが、化粧品や文具類を含めたとしても、小さな町の書店にたくさんの人が集まるというのだ。

特別な仕掛けがあるわけではないのに、店内を眺めていると、つい目を留めてしまう。

文具コーナーに立てば、ボールペンやシャープペンシルがプラスチックケースの中で「ぴしっ」と音が聞こえるくらいに整然と並んでいる。レジの後方にあるカフェコーナーのシンクは水しずくの跡さえなく、食器洗い用の洗剤とスポンジは真っ直ぐに立っている。そういう目でもう一度店内を見回すと、窓は磨き上げられ、トイレはホテル並みに清潔なのだ。アルバイトを合わせると十五人の従業員がここで働いている。

滞在二日目のことだった。午前十時に開店して三十分ほど経ち、五、六人の来店客を迎えた頃、八十歳ぐらいの老夫婦が来店すると、友則の立つレジへとまっすぐにやってきた。

「あのな、店長さん、このケータイがな、動かんのじゃ」

「そうなんですか。ちょっと見てみましょうか」

差し出されたガラケーを受け取った友則がＳＩＭカードを入れ直して再起動をかけると、息を吹き返した。

「店長さん、ありがとなあ。もう買い換えにゃあいけんかねえって思っとったんじゃが、助かったわあ」

老夫婦はほっとした様子で友則をひとしきり労《ねぎら》い、

「ああ、よかったわあ」

と繰り返しながら帰っていった。

老夫婦の困りごとは解決したが、レジが開かれた様子はない。友則がにこにこと答えた。

「こういう簡単なことではお代はいただきません」

確かに接触の悪いSIMカードを挿入し直すのは難しいことではない。ケータイに不慣れであれば子どもや孫に頼んで解決する話だ。

「そうなんですよ。ご家族にやってもらえば済みます。でも、ご高齢の夫婦だけで暮らしていらっしゃれば、そうもいかないじゃないですか。だから〝地域の甥《おい》っ子〟みたいな感じで役に立てたらなあって思ってるんですよ」

だが、そうは言っても、商売に結びつかない頼まれごとをひっきりなしに受け入れていてはきりがないのではないか。

「そうかもしれませんね。でも、もっと複雑なことや難しい相談事もあるんですよ。例えば、クリスマスを過ぎて急にご家族が亡くなられて、大至急で喪中はがきをつくりたいとか。プリンターを風呂敷に包んで持ってこられたこともあります。そういうお客様が二日連続でお越しになりましたね」

本来は喪中はがきの印刷やプリンターの修理はウィー東城店の業務ではない。だが、困ったと言って相談されると、友則はできる限りのことをやってみるようにしている。そのうちに、会計のついでに困りごとを相談する人たちが出てきた。風変わりなところでは、家系図をつくってほしい、自叙伝を書きたいという依頼もあった。

複雑な依頼にはワンコイン（五百円）を料金として定めていると聞いて、少し安心した。

「そうしないと、千円札を何枚も入れた封筒を押しつけられたり、牛肉の包みを置いていかれたりするので困ってしまうんですよ」

友則はまたにこにこした。

赤ちゃんを連れた母親が来店すれば、友則が代わって赤ちゃんを抱っこする。わずかな時間でも若い母に本と対話してほしい。そうすることで、少しでもリフレッシュして充足できれば、また赤ちゃんに新しい気持ちで向き合うことができるのではないか。友則はそのように考える店長であるらしい。

本屋では、親が本に夢中になっている間に子どもが退屈してしまうことがある。そこで友則は手品を独学し、小さな来店客に披露するようになった。子どもに本屋をきらいにならないでほしいからだ。今では、

「てんちょうさん、まほう、やって」

と子どもの方から寄ってくる。

店の道向かいの東城小学校の子どもたちは、放課後、店の横の路地を通って学童クラブへ向かう道すがら、

「てんちょうさーん」

と声を揃えてコールする。

友則の口からはぎょっとするようなエピソードがこんこんと湧き出た。

来店した日系ブラジル人が運転免許を取りたいというので、毎晩閉店後に事務所で勉強を手伝った。その日系ブラジル人が駆け落ちをする際には「いいからいいから」と一万円札を握らせた。祝儀のつもりで渡したその一万円を、後日、日系ブラジル人は「あのときはありがとう」と返しにきたという。

もっと驚いたのは、ある母親に頼まれて不登校だった十六歳の少年をアルバイト採用したと聞いたときだ。

「おかあさんから、うちの子をアルバイトで雇ってもらえませんかって相談されたんです。確か、お給料は要らないから、外で働く経験をさせてほしいと言われたような気がします。彼のことですか？　もちろん、本を買いに来てくれていたので知らない子ではなかったです。ただ、特によく話をするとか、気心の知れた関係ではありませんでした」

その少年、妹尾《せお》秀樹は東城町に生まれ育ち、全校生徒が二十人ほどの小学校に通っていた。

小学五年にあがるとき、その小規模校が東城小学校に統合された。みんなが顔なじみだったのが急に四倍近い生徒数になり、妹尾は学校に馴染《なじ》めなくなった。夏休み明けから保健室に登校し、中学に上がってからは不登校を通した。母親が友則に相談をしたのは、妹尾が福山市にある通信制高校に通うようになった頃だった。

アルバイト初日、妹尾はレジでスタッフの後ろにほとんど突っ立っていた。棒立ちで時間が過ぎる。そんな日が何日か続いた。だんだんレジに立っていることに慣れてきた頃、お釣りの渡し方、届いた本の出し入れなどの手ほどきを受けた。半年ほど経つと客注の本が届いたことを電話で連絡する仕事を与えられた。電話口で言うべきことを友則に教わり、妹尾は自分でマニュアルをつくって練習した。そして緊張しながら思い切って電話をしてみると、電話の向こうからやさしく労われ、拍子抜けした。

通信制高校で学びながら徐々に勤務時間を増やし、二〇二二（令和四）年に二十七歳で正社員になった。

もうひとりの社員、大谷晃太は妹尾より五歳年上だ。中学生の頃、東城町に引っ越してきて、県立東城高校を卒業した。広島市の大学への進学を機に町を離れ、卒業後は大阪で飲食業の会社や書店に勤めたが、精神的に疲れきって帰郷した。実家にひきこもった時期を経て、ウィー東城店でアルバイトを始めた。友則の目配りのもと書籍売り場で働いているうちに回復。東城町を離れ、再就職した。数年後、再び精神的に不調に陥って東城町に戻り、ウィー東城店でアルバイトをして回復した。ウィー東城店でリハビリしては町の外へ出て行くことを繰り返したのち、腰を落ち着けて正社員になった。結局、ウィー東城店がいちばん合う場所だったのだ。

特に欠員が出ていたわけではなかったが、頼まれたから引き受けた。友則にとってはそれだけのことであるらしい。以前から、顔なじみのお客さんから頼まれれば預かった。仮に募集することがあっても、複数の応募者の中から選ぶことはしない。最初に応募してきた人に来てもらうことにしているとさえ友則は言う。

「僕は自分の物差しはどうでもいいと思っています。お客さんであっても、アルバイトや社員であっても、百パーセントその人に合わせます。それがいちばんいいやり方だと思えるんです」

怪訝《けげん》な顔をした私に、例えば、と友則が説明してくれた。

妹尾は効率よく仕事をするために開店前の誰もいない早朝の出勤を希望した。話し合いの結果、午前六時四十五分に出勤し、午後四時に退勤することになった。仕事のためになるだけでなく、妹尾個人にとっても、趣味のオンラインゲームの時間がとれるこの働き方は都合がいい。妹尾に限らず、個々の社員の働き方の希望をできる限り聞くと佐藤はいう。大谷の出戻りを何度でも受け入れたのも、大谷に合わせてのことだった。

だが、本当ですか、という思いは消えなかった。このような社員都合を優先するやり方と利益確保は同じベクトルに進むことができるのだろうか。

三日目、私は大谷の仕事を見学することにした。

白いシャツにエプロンをつけた大谷は穏やかな笑顔で迎えてくれた。

店内の一角を占めるコミックのコーナーに、観葉植物をこんもりと飾りつけた棚がある。コミックス『鍵つきテラリウム』（フレックスコミックス）のフェアを展開中だという。漫画家平沢ゆうなによる四巻からなる同作は、人類が衰退し荒廃した世界に生き残った少女が医療用ロボットとともに人類の痕跡を探すファンタジーコミックだ。人と医療用ロボットが心を通わせながら旅をしていく物語に大谷は打たれ、ぜひ紹介したいと思ったという。

「この世界観を表現するにはどうしたらいいかなって考えて、こんなふうにディスプレイしてみました」

フェアの棚を整理する手を止めて、大谷が照れた。

コミックを買い求める来店客の年齢層は、小学生から四十代、五十代の大人まで幅広い。そして大谷は常連客の好みをおおよそ把握しているという。

「新作リストを見て、あのお客様がお好きだろうな、というようにお顔が浮かぶ作品はもちろん仕入れます。それとは別に、あまり知られていない漫画家さんであっても、いいと思う作品は仕入れて、お客様の目に留まるよう願いながらこんなふうに特別コーナーをつくるんです」

学校に通えずにいる子どもを親が連れてきて、大谷と一緒に漫画の話をしたりもするという。

「うちは店長の方針で、売上のノルマがありません。売上よりも、この人にはどんな本が合うだろうか、どんな本を勧めたら喜ばれるだろうかを考えるように言われています。そのやり方で接客すると、僕も楽しいんです」

売上のためではなく、客のことを思って仕事をする。その構えが人の流れを呼び、売上を伸ばす循環を生むということなのか。

午後、レジで見たのは次のような風景だった。四十代に差しかかるぐらいの男性客が、予約していたコミックを受け取るために来店した。応対した大谷に、男性客はなぜこの漫画が好きなのかを滔々《とうとう》と語り始めた。熱心な解説は五分以上続いた。店によってはこうした長話は敬遠されるが、大谷はうれしそうにあいづちを打ち続けた。

母親に連れられて来店した小学生の女の子は、探している漫画があるけれど、タイトルも漫画家の名前もわからないという。女の子がストーリーを懸命に説明するのを聞いていた大

谷が棚に目を走らせて、

「これかなあと思うんですけど、どうでしょう?」

と取り出すと、女の子は歓声をあげ、コミックを大切そうに胸に抱えて母親とレジに向かった。


約三万冊の在庫管理と棚づくり、プロモーションのほとんどを、友則は妹尾と大谷に任せている。

「妹尾は棚づくりのセンスが抜群にいいんですよ。彼はもうすぐ僕を超えると思います。大谷は新人漫画家の中から成長株を見いだす目利きとして、書店関係者に一目置かれる存在になりました。今では二人とも一流の仕事をします」

こう話すと、こみ上げる思いがあったのか、友則は言葉を詰まらせた。

二人が成長するまでに乗り越えた山谷と、友則の待った時間が思われた。

「うちには彼らの前にも何人か、不登校の子がバイトに来て、いい仕事をしてくれました。彼らは学校社会のシステムには合わなかったかもしれないけれど、それは仕事には関係ありません。むしろ、そういう子の方が本屋には合っているんじゃないかと思うくらいです」

しばらくして、呼吸を整えた友則に私は尋ねた。学校や会社に適合しない彼らがなぜ書店員としては力を発揮するのでしょうか。

「一冊一冊の本には言霊《ことだま》が宿っています。本屋は言霊が集積された空間なんですよ。そこには人を癒す独特の何かがあるのかもしれません。そうであっても不思議ではないと思います。理屈で説明できることではないかもしれませんが、本を商う家に育った僕は、本とはそういうものだと確信を持って言えるんです」

本には触れるだけでも人を癒す力がある。そして二人は本を取り扱いながら、少しずつ本来の自分を取り戻すことができた。そう友則は見ているようだった。

大谷も妹尾も人と交わることを避けた時期を本やコミックに支えられた。その経験があるからだろう、二人は本屋を訪れる人が潜在的に持つ孤独を理屈抜きに理解する。この本はどんな人が求めるだろう。この本を読む人にはどんなもう一冊が受け入れてもらえるだろう。そんな想像力が棚の編集に表れていく。心を込めた仕事が喜ばれ、売上に結びつく手応えを実感し、働くことは面白いのだと知った大谷と妹尾にとって、ウィー東城店での仕事が社会との接点となった。

しかし二人の育成にかけた時間、手間暇を考えると、効率的ではない。

すると友則が言った。

「これはたらいの水なんですよ」

たらいの水？　私が神石高原町の本店に立ち寄ったのは、ウィー東城店で友則から聞いたこの言葉について、よく呑み込めないまま帰京する日のことだった。

父洋は友則の経営手法について、自分とあまりに正反対のやり方だと心配した時期があったことを認めた。

「不登校の子を預かったりして大丈夫なのかと思ったこともありました。ただねえ、あの子らがしっかりして立派になったんですよ。店もあんなに賑わうようになりましたしね」

今では後継の腕を信頼し、安心しているようだった。その洋に「たらいの水」という言葉を友則から聞いたと伝えたところ、たちまち目から涙が噴き出した。

3

洋との再会が叶《かな》ったのは、コロナ禍が二年目にまたがった二〇二一（令和三）年初夏だった。初めてウィー東城店を訪ねた直後からコロナ禍で世界は一変し、再訪できるようになるまでに一年半待った。

この日もギンガムチェックのシャツで現れた洋は、佐藤家の歴史を書き込んだ小さなメモ帳を胸ポケットから取り出した。

創業者の佐藤浅太郎は明治初期、広島県芦品郡《あしなぐん》新市町《しんいちちょう》戸手《とで》の備後絣《びんごがすり》問屋に生まれた。戸手は現在の福山市近郊に位置する。父親が子どもたちに財産を分け独立させ、兄弟は商売の地を求めて山あいへと進んだ。

浅太郎は備忘録と題した帳面に自身の商売の経緯を記し、残している。それによれば、浅太郎は屋号を「戸手屋」と名乗り、一八八九（明治二二）年に油木町《ゆきちょう》（現在の神石高原町）で商売を始めた。道の険しい山間地で、城下町福山（現在の福山市）から四十キロほど離れている。福山の町は江戸期に武将水野勝成が備後十万石の領主となり福山城を築いたことから拓けた。浅太郎はその福山で仕入れた生活雑貨を馬に乗せて油木町へ運び、界隈を行商した。品々の中に書籍があったことが書店業の始まりとなる。一九〇九（明治四二）年には毎日新聞の販売業務を開始した。当時、書籍と新聞は貴重な情報源だったが、新聞を購読する家は地域でも限られていた。大阪など都会から来客があると特別な布団を用意してもてなしたと浅太郎は備忘録に記しているが、その中には新聞社の担当社員もいたという。遠来からの客人の来訪は、山里では得られない情報を直に聞くことができる貴重な機会だったのだ。のちに佐藤家からは国際報道に携わる新聞記者が出た。浅太郎の七人の子どもの一人で、大阪毎日新聞に入社した佐藤巧二《こうじ》だ。巧二は海外特派員のさきがけとして、エジプト特派員、ハワイ支局長、ニューヨーク支局長を務め、英字紙・毎日ウィークリーの創刊編集長となった。

浅太郎はオートバイが流行ると学校の校庭でレースを企画し、部落ごとに日用品の共同購入をする仕組みをつくり、さらには、貴族院議員や地元有志とともに活動し、農学校の誘致を実現した。

アイデアと行動の人だった浅太郎が一九五二（昭和二七）年八月に七十六歳で亡くなると、娘婿の令三が浅太郎の商売を継いだ。令三は町に二館しかない映画館の一館を経営し、進取の気性に富んでいたが、商売上手ではなかったらしい。夫を立てながら家業を切り盛りしたのは浅太郎の四女那美子だった。

一九四七（昭和二二）年五月、浅太郎がなくなる五年前に令三と那美子の間に末っ子の洋が生まれている。娘二人息子二人の四人のうち、勉強のできた長兄は関西の大学を卒業し大手電機メーカーに勤めたが、洋は商売に向いていた。

「父は集金が嫌いな人でした。根っからの商売人ではないんですね。私は母に喜んでもらいたいと思い、父の代わりに集金に行っていました。子どもなのにどんどん回収するもんですから、雇いの集金人たちにいやがられるくらいでした」

長兄の勧めもあって、洋は高校を卒業すると家業を継いだ。そしてほどなく、商売に加わったばかりの洋が地域の書店業界に存在感を示すことになる出来事が起きた。

「教科書販売の仕事は大切な仕事でした。教科書販売の流れというのは、各県に教科書専門の取次のような販売会社があって、そこから受注した各地域の書店が学校に納入するというもので、私たち書店にとっては貴重な取引先です。あるとき、広島の教科書販売会社の社長が、私たち販売業者にある大きな商品を売れと言ったのです」

それは『昭和の記録』という写真集で、カセットテープ六巻つきで九千五百円もする高額な品だった。

「当時は各家庭に有線放送がありました。有線でつながっているどの家でも放送を聴くことができる仕組みです。そこで、『昭和の記録』のカセットテープを有線放送で流して宣伝しました。そうしたら、欲しい、買いたい、と次々に注文が入りましてね」

このときの成果が認められ、地域の教科書納入書店に選ばれた。

一方で困難も経験した。

昭和四十年代半ば、地域の歴史書の復刻版の出版が全国的なブームだった。神石郡では一九二七（昭和二）年に『神石郡誌』を出版していて、洋はこの復刻版を独占販売した。

するとある日、『神石郡誌』の昭和編をつくったらどうじゃと油木町に隣り合う三和町の町長が言う。

さっそく神石郡を構成する四つの町のそれぞれの教育長を中心に編纂委員会が発足した。出版には誰もが乗り気だったが、気づけば取材や原稿執筆にかかる人件費、印刷費、紙代などの経費について、洋が責任を持たなくてはならない風向きになっていた。洋に出版事業の経験はない。青ざめた洋を母那美子は諭した。地元のために役に立つ意義のある仕事だと思うのなら、この仕事でうちは一銭も儲けません、赤字が出たら全部うちが責任を取りますと言いなさい。そう言えないのだったらこの仕事はできません。

那美子の言葉に洋は覚悟を決め、二回めの編纂委員会で、この仕事で儲けるつもりはないと伝えた。すると、佐藤がそこまで言うのなら我々は手弁当でやろうと、委員たちの各々が自主的に調査をし、原稿を書き始めた。

完成間近にオイルショックの影響を受け、紙の調達は容易ではなかったが、叔父で毎日新聞記者の巧二を経由して地元出身の大手製紙会社の経営者に話が届き、融通の助けが得られた。一九七五（昭和五〇）年、『神石郡誌・昭和編』は無事に出版にこぎつける。

「このことがあってからですよ、私の商売を信頼してもらえるようになったのは。二十代の若造ながら、町長を訪ねていくことができるようになりました」

洋は徐々に外商セールスとして実績を上げていく。角川書店が出版した『角川日本地名大辞典34広島』を三百冊以上売り上げ、熱海のホテルを借り切って行われたパーティに全国上位百店の一店として招かれた。昭和四十年代には講談社や小学館から全国表彰書店として表彰を受けた。本だけでなく、二十万円もする高額な掃除機をはじめ、粉砕機、宝石、高級バッグなど、ありとあらゆる商材が洋のもとに集まった。

新聞販売業については「うちの使命だから」と那美子は口癖のように話したという。配達人や集金人の確保をはじめ手数が多い割に利益の少ない仕事だ。だが、山深い地域で暮らす人たちに新聞を届ける仕事は戸手屋の務めだと那美子は考えていた。

洋は集金にかかる労力を軽くするために、銀行自動引き落としの仕組みを思いついた。日本で初めて新聞購読料の銀行引き落としを始めたのは総商さとうだという自負がある。

そして那美子が日頃から口にしていたのが「たらいの水」という言葉だった。

たらいの水は自分の方に引き寄せようとすると逃げてしまうが、押し出すとこちらへ流れてくる。幸せも同様で、自分だけで抱え込もうとすると離れてしまう。しかし相手に尽くせば自然に幸せが返ってくるというのだ。それを商売に当てはめると、客先や関係先のために徹底して働くと、自ずと利益が生まれるということになる。「たらいの水」は、総商さとうの背骨のようなものだ。働き者だった母への感謝を呼び起こす、洋にとって涙がこらえ切れなくなる言葉なのだ。

二店舗めの出店先に洋が東城町を選んだのは浅太郎との縁による。

4

浅太郎は馬に荷物を載せて開墾するように商売を広げ、東城町にも出向いていた。北は東城町の小奴可《おぬか》地区、東は岡山県哲西《てっせい》町（現在の新見市）まで馬に荷物を積んで歩いたと、備忘録に記している。また、那美子は娘時代に東城女学校（現在の県立東城高校）に学び、週末は二十キロの道を歩いて油木町と東城町の間を往復した。

ときは平成へと進む。洋が五十一歳で東城町に店を出そうという一九九八（平成一〇）年は、出版業界では戦後初めて売上が減少に転じた年だ。業界の不況予測はこの頃すでに盛んに言われていた。加えて、山深い地域の人口減少は昭和の頃からの課題だったが、洋は東城町に出店したかった。

「初代浅太郎から那美子、私へと引き継がれてきた佐藤家の商売を三代目の私で途絶えさせてはならないという思いがありました。でも、本店のある神石高原町界隈だけで商売をしていても限界があるのはわかっていましたし、息子は帰ってこないと思いました。息子が商売を継ぐ場所が必要だと思い、二店舗目を出そうと決めました。そのとき私の頭には東城町がありました。浅太郎が商売で回っとった場所ですし、お袋が通った女学校のあった、佐藤家には縁の深い町です」

その頃、国内市場はバブル経済が崩壊し、都市部から生活幹線道路沿いへと流通業の店舗が移動するなど、地方流通にも変化があった。

洋は東城町に福山市と岡山県の新見市をつなぐ道路が通っていることに着目し、いけると判断した。福山市は瀬戸内工業地域の中心都市で、一九九八（平成一〇）年には中四国地方で二番目の中核市に指定されている。

東城町と神石高原町にまたがる国定公園帝釈峡《たいしゃくきょう》は、豊かな緑と澄んだ水からなり、夏には蛍が乱舞する。日本百景に選ばれた美しい観光資源を有する町の中心地への出店だったが、経営は船出直後から困難を極めた。

東城という町名は戦国時代にこの地域を治めた領主の城があったことに由来する。江戸時代には宿場町として栄え、今も当時の面影を残す商店街がある。この町の商店主たちからすれば総商さとうはよそ者で、その出店は商圏を侵食される話だ。東城町にはブックスタンドまで入れると四軒の書店があった。

友則はというと、県内の私立の進学校に合格して十五歳で実家を離れると、高校の寮生活で麻雀に目覚め、プロ雀士を目指すほど打ち込んだ。

一浪して大阪商業大学に進んでからもパチンコや麻雀三昧の生活を送っていた友則は、あるとき、洋に相談した。

「何か面白いバイトはないかな？」

「アルバイトじゃないけど、面白そうな集まりがある。参加してみるといいんじゃないか」

洋は青年塾という勉強会を友則に教えた。松下政経塾の第二代塾頭だった上甲晃《じょうこうあきら》が、よき人間を社会に送り出したいとの思いで始めた勉強会だ。

二十一歳の友則はまだふわふわとしていて、自分が将来何をしたらいいか、方角が定まっていなかった。洋が青年塾への参加を勧めたのは、名古屋市で書店いまじん（現在の株式会社いまじん白揚《はくよう》）を経営していた近藤秀二が青年塾に若いスタッフを送り込んでいるのを知っていたからだ。洋と近藤は書店大学の仲間だった。書店大学とは昭和四十年代に発足した書店経営者のための勉強会で、全国から書店主が集まり、講演会や勉強会、アメリカ書店視察ツアーなどを企画していた。そして近藤の経営者としての手腕と人間性を洋は尊敬していた。近藤の認める青年塾に参加すれば、友則が何かを得られるのではないかと洋は期待したのだ。

友則が青年塾に参加してみると年上の塾生たちは目先の利益にとらわれず、謙虚で朗らかだった。友則は衝撃を受け、大学よりも実業へと気持ちが傾いていく。一年の熟考を経て大学を四年で中退し、友則は名古屋市のいまじんに入社し、近藤のもとで書店員見習いを始めた。

そして見習い二年目の友則を洋が呼び戻したとき、ウィー東城店は開店三年目で赤字が膨らみ、存続困難な状態に陥っていた。

東城町出身の店長は友則がウィー東城店に入店すると引き継ぎをして三日後に退職した。三人いた正社員は全員退職しており、残ったのは学生アルバイトが二人とパート社員だった。半ば強制的に東城店を託された友則は、店の立て直しと地域との関係づくりに孤軍奮闘する。

「はじめはつらかったです。まだ二十五歳で何もわかっていませんでしたから」

物語のバトンを友則が受け取った。

友則はまず、レジの位置をはじめとする店内の導線を変更し、抱えすぎた在庫の返品作業に明け暮れた。仕事が終わらない日は段ボールを床に敷いて寝た。紙を触りすぎて水分が奪われ、手指は腫れ上がった。

山里の小さな商圏は取次からの配本で後れをとる。発売日に人気の新刊本やコミックの客注を取次から仕入れられないときは、福山市の書店に買いに行った。言うまでもなく、人件費と移動費の分が赤字になるが、地縁の濃い東城町でよそ者が信用を積み重ねるためにこのやり方を通した。

そのうちに来店客が「あの本が欲しいんじゃけど」「これ、佐藤くんとこ、ある?」と注文をするようになった。客注は書店にとって生命線だ。リクエストに応えていくうちに、町の人たちが求める本の傾向が少しずつ見えてきた。

そこで友則は、取次から自動的に送られてくる見計らい配本に加えて、町の人たちの嗜好《しこう》に合わせて本を注文し、棚を編集するようになった。例えば、高齢者からひとり暮らしに関する本の注文を受けたことをヒントに、人の生や死、孤独に関する本を近い場所に集める。不登校やひきこもりといった子どもの心と居場所に関心を持つ人が意外に多いことに気づいてからは、精神科医やカウンセラーなどの著作を選び、コーナーをつくった。冠婚葬祭、ガーデニング、健康、料理など、地域の関心も見えてきた。来店客の困りごとにはできる限り応える。店の外に米の精米ブース、コインランドリーをつくったが、それも「あれがあったら」という来店客の要望を受けてのことだ。

だが、信頼していた社員やアルバイトスタッフが離れていった経験は一度ならずある。そのたびに、いやおうなく自分を見つめ直さざるを得ない。驕《おご》りはなかったか、独りよがりではなかったか。自問自答しながら祖母の教えた「たらいの水」が苦しさとともに沁み入った。現在の「待つ」構えが身につくまでには、実は相応の悶絶した時間を経ている。

二〇一三（平成二五）年四月に村上春樹の新刊小説が発売されたときのことだ。初版は四十五万部、都心の書店ではワゴンに平積みされているというのに、ウィー東城店には、前もって取次に予約注文したにもかかわらず一冊も配本されなかった。発売日当日の午前中だけで四人が新刊を求めて来店したが、ウィー東城店は応えることができなかった。

その日、友則はフェイスブックに「もう町の本屋はいらないと言われた気がした」と、出版業界の流通構造に対する怒りを書き込んだ。

〈売れる本の時だけ欲しいと言ってる訳ではありません。

よそから引っ張ってでも当店に入荷させろと言っている訳でもありません。

（まあそれを言われたから当店に配本がないのだと思うけど・・）

せめて人口一万人に合った配本か、前回のデータ実績に見合った配本くらいはなんとかならんもんかね。

送ってくれないなら、街の本屋さんに図書カードを握り締めて買いに行くさ。

1人1冊のマナーを守って、社員みんなで協力して買いに行くさ。

うちの担当さんに優しく言ってやったよ。

「欲しいから言ってるんじゃないから。もう重版分は送らなくていいよ。自分でなんと

かするから」ってwww
今一度、考えて欲しい。
町の本屋さんをどうするのか？
僕はいいです、もう。
絶対に生き残ってみせるから。
今日、強烈にそう思いました。〉

本を届けるということについて、業界は真剣に考えているだろうか。そう問いかけた友則のメッセージは瞬《またた》く間に拡散された。

出版流通の問題は、過疎地ではこのように具体的な形で現れる。人気作家の作品や人気のコミック漫画の発売当日に、都市部の大書店で大々的なキャンペーンが盛り上がる一方で、地方の小さな書店には作品が並ばないという現象はこのケースに限らない。

山の中だから仕方がない、僻地《へきち》だから仕方がない——。そうではない。山に囲まれた中国山地のこの町で、どのようにして本を商うか。

友則は事務机の上に紙を広げると、ペンを動かし始めた。まず、真ん中に「本」の字を書いた。それを「ライブ」「料理」「バー」「化粧品」など、いくつもの商材でぐるりと囲み、

「本」と個々に矢印でつなぎ、ほら、と友則が見せたのは、曼荼羅《まんだら》のような図だった。

「こうやって本とつなげられるので、うちではどんなものでも売ることができるんですよ。イタリアン茄子でも肉でも、取り扱うことに違和感はありません」

料理本のフェアを企画すれば、イタリア料理の料理教室を開いて茄子や肉を組み合わせて売ることができるし、ジャズをテーマにしたコミックがきっかけで、作品のモデルとなったジャズプレイヤーを招いてライブをしたこともある。当然ながら、ライブ後には彼らのCDが売れる。本と組み合わせられない商材はないと友則は言うのだ。

「長年培われてきた本という媒体への人々の信頼があるからです。うちは本の売上が下がっても、本の取り扱いをやめることはありません」

ここには町に積み重なった無名の人々の人生が集まってくる。八十代のある女性は、昭和三十年代に数少ない女性職員として当時の東城町役場に勤めた。その頃、農家の家庭内で女性は一人の人格ある立場として扱われていなかった。農家の女性の立場を向上させる職務を任されたその人は、農村を歩いてまわり、現実を目の当たりにした。農家の跡取り息子の配偶者は、「女は稼がんでええ」「家のことをすればいい」と、本人の意思に関わりなく無償の家事労働を引き受けさせられ、自分の名義の銀行口座を持つことさえ認められておらず、それが当たり前と思われていた。「農家の嫁」には経済的な自由と自立はなかった。そうではない、家庭の女性にも自分の裁量で自由に管理できる経済的な自立の機会は保障されるべきだと考えた女性職員は、一軒一軒農家を訪ね、「お嫁さん」が銀行口座を持つことが大事な理由を説明し、「今度、牛が売れたら、そのうちの一頭分でもお嫁さんの口座に入れてやってほしいんです」と家長を説得した。

昭和の農村でこの手の話は煙たがられた。だが女性はこの仕事こそ自分の使命だと思い、三人の子どもを育てながら役所勤めを続けた。

女性と佐藤のつき合いは二十年を超える。こうした人生の振り返りを、来店した折りに立ち話でしていたのが、そのうちに用事で女性の家を訪ねるようになると佐藤にお茶を勧めながら女性は語るようになった。そんな対話の中で、女性が佐藤にこう話した。

「ワニ料理って、佐藤さん、知っとる?」

「ワニって何ですか?」

ワニと言うがサメのことだ。海のないこの地域では江戸時代から山陰地方で獲れたサメの肉を塩漬けして長期保存した。江戸時代から伝わる、動物性タンパク質を摂取するための先人の知恵だという。

女性は地域を歩き回って知り合った年配の女性たちからこの伝承料理を教わっていた。流通環境の発達により魚の入手が容易になったことと反比例するように、ワニ料理は求められなくなった。

あと数年で米寿を迎えるその女性は、町に生きた無名の女性たちの歴史と食文化を引き継ぐことができないかと考えていた。その思いを汲み取った佐藤が女性に提案した。

「お料理教室をうちでやりましょうよ」

「え、そんなことをしてもいいの?」

ところが、試しに料理教室を開催すると、思いのほか参加希望者が多く、毎月の定例企画となった。佐藤は女性を著者に、東城町の無名の女性たちの歴史とレシピをまとめた本を出版しようとしている。

レシピと歴史を本に編み上げて、この町の人たちに長く読み継がれるものにして遺す。もし、本という媒体に封じ込めることができなかったら、いずれ歴史と味は人々の記憶から忘れられてしまう。町の記憶を記録に残すことは、この町の未来の人たちが町に関心を持つきっかけを差し出すことだ。そして関心こそ町への愛着のいとぐちなのだ。

書籍コーナーは売り場の半分ほどを占めるが、売上の割合は三割ほどで利益率は煙草の次に低い。煙草の販売を終了すれば、本はウィー東城店で最も利益率の低い商材となる。書籍の低い粗利をカバーする商材が必要だ。

妻の恵がまたとない組み合わせをもたらした。恵は美容師の国家資格を持ち、結婚する前は大阪の美容室に勤めていた。結婚してからはウィー東城店の化粧品コーナーでスキンケアやメイクのアドバイスをしているうちに、客から髪型の相談を受けるようになった。そのうち、友則は顧客から「めぐちゃんに髪の毛を切ってほしい」「めぐちゃんに店を持たせにゃあいけんよ」と言われるようになった。そこで建物の一部を改装してサロンをつくった。美容院経営では経費のうち人件費が最も高い割合を占めるが、恵は全てを一人で行うため、一人分の人件費でこと足りる。ゆったりとしたあたたかい人柄の恵と二人だけの店内で、客は恵に悩みを打ち明け、髪が整う頃には、心を軽くして帰っていく。ヘアサロンが加わったとき、これでパズルのピースがきれいに埋まったと友則は思った。

5

ウィー東城店が開業した一九九八（平成一〇）年には東城町の人口は一万二千人ほどだった。それが二〇二〇（令和二）年には七千二百人まで減少した。高齢化率は四十八パーセント、およそ二人に一人が六十五歳以上ということになる。昭和四十年代に五つあった小学校は三校に、中学校は一校に減った。町内唯一の高校、県立東城高校の生徒数は三学年合計で八十人を切った。八十人に満たない県立高校は県の廃校検討の対象となる。東城町の中学を卒業後、町の外の高校に進学し、下宿生活を選ぶ子どももいる。もし東城高校が廃校になったら、選択肢はますます狭まる。

子どもたちの学ぶ環境がなくなれば、子育て世代は遠からずこの町から離れていく。それは税収に影響し、ひいては町のインフラや福祉サービスが細くなってしまう。県立高校の存続は町の存亡に関わる問題なのだ。

廃校を食い止めるには、高校生はもちろん、小学生や中学生がこの町に暮らしたいと思えるような、この町を信頼する手がかりとなる場所がなくてはならない。例えばふらりと訪ねられる本屋はその場所になり得る。人生に迷ったとき、孤独に堪えなくてはならないとき、本のある場所を整えて、待っている人たちがいる。それは若者を慰め、ときには気持ちを立て直す支えになるだろう。

高校の存続のために本屋に何ができるかを考えていた友則に、東城小学校から評議員就任の打診があった。評議員とは、学校外の地域の大人たちが子どもたちの環境をよりよくするために見守り、知恵を出し合う役割だ。行政と民間が協力して、子どもの居場所を整えていく。友則は喜んで引き受けたが、授業中の校内を視察していると、友則を見つけた子どもたちが手を振ってくる。本当はいけないのだが、廊下を歩きながら、つい、友則は手を振り返してしまう。友則が手品を始めた頃に小さかった子どもたちは、大きくなり町の外に進学してからも、休みに帰省するとウィー東城店に顔を見せる。

　ウィー東城店にもうれしい変化があった。

　大谷晃太は結婚し、二〇二一（令和三）年六月に女の子を授かった。奇《く》しくも赤ちゃんが生まれた二日後、町内のある小学校で大谷は「ポップをつくる授業」の出前授業を行った。ポップとは書店の平台などで見かける、新刊書が目立つように宣伝文句を書き込んだ立て札のことだ。出前授業では、教科書の中の物語のポップをつくる実践を通して、他者に気持ちを伝えるために大切なことを子どもたちと一緒に考えた。この町で父になり、親の立場で地域の子どもに関わる初めての体験をしたこの日は、大谷にとって忘れられない一日となった。

　同じ頃、ウィー東城店のパズルに新しいピースが加わった。パン屋が開業したのだ。

　オーナーの前田夕佳は高専の生徒だった十代、ウィー東城店でアルバイトをしていた。いつの頃からか前田は将来東城町で店を開きたいと考えるようになった。その前田に、友則は「東城町にパン屋さんがあったらいいなあ」と話したことがあった。「東城町にパン屋を」というアイデアは、前田の心に残った。

　その後前田は二十代で結婚し、夫の転勤で関西をはじめ複数の街を移り住みながら、引っ越すたびに新しい町でパン屋を探し、アルバイトを願い出た。「将来、地元に帰ってパン屋さんを始めるためにパンのつくり方を教えてほしい」と頼むと、どの店でも製造技術から店舗管理まで体験させてくれた。

そして、三十歳になる頃、幼い子ども二人を連れて東城町に戻り、友則にパン屋の開業を打診。ウィー東城店の一角を改築し、パン工房を備えたパン屋を開いた。

私が訪ねた午後、保育園から帰ってきた前田の二人の息子たちが前田の父と一緒に店でおやつを食べていた。そこへ、前田がパンを焼く手を止めて厨房から出てきた。子どもたちがおかあさんの顔を見て歓声をあげ、母は「おかえり」とにっこりした。

この町で家族を持ち、喜びとともに働くことができる。それを体現した若い世代の働く姿は、地域の人たちの心もあたためる。

思えば、東城町という場所が友則のたらいだったのだ。

山里が直面する高齢化と過疎の課題に対し、友則はたらいの水を押し続けてきた。地域の諦めや変わらない業界慣習に対しても、たらいの水を押し続けた。水がざぶんざぶんとウィー東城店に押し返されてきているようだ。

ところが、冷静に見れば、父が東城町を出店場所に選んだのは失敗でした、と意外な言葉で四代目はウィー東城店の二十年を振り返った。

「逆さまなことを言っていると思われるかもしれません。でも、この場所だったからこそこんなふうに試行錯誤をしてこられた面もあります。もし、うちが福山のような都市に出店していたら、軽々と潰されていた可能性が高いと僕は思っています」

本店のある神石高原町から都市部へ出ようとすると、車で一時間ほどの福山市が最も近い。福山市は人口約四十六万人、中国地方で広島、岡山に次ぐ規模の都市だ。福山市も出店候補地として洋は検討したのだという。

だが、令和の現在、都市部で書店を継続する困難をさまざまなところで目にするようになった。例えば駅前にある自前の物件ならば、夫婦で書店を営むよりも百均ショップの全国チェーン店に賃貸する方が楽に収入を得られる。そのため、書店を閉じて不動産賃貸業に転じる町の書店も少なくないという。

人口減が著しく、高齢化率も上がる一方の東城町だったからこそ、自分たちのやり方を模索してここまでこられたと友則は話した。

書籍を巡る状況は様変わりし、インターネット上には無料で読める情報が溢《あふ》れ、紙の本はワンクリックで自宅にいながら手に入れられるが、文芸誌「ユリイカ」フェアのような嗜好性の高い企画にも大谷と妹尾は挑戦する。大きな売上が期待できないテーマでも、二人がやってみたいという企画に友則はＧＯサインを出す。

「潜在的な読者の掘り起こしができることがあるからです。もちろん、空振りに終わることもあるでしょう。でも、それ以上にやってみる、試してみることが大切です。失敗しながら力をつけていくものだと思いますし」

返品は少ないに越したことはないとしても、返品が可能な商慣習だからこそ、やり方次第では遊びを持たせた棚づくりもできるのだ。その遊びのある棚から、ときには人生を変える本との出会いが生まれる。

コロナ禍の夏には友則がフェアを担当した。選んだのは写真家ヨシダナギの写真集『DRAG QUEEN No Light, No Queen』(ライツ社)。エディションナンバー入りで八千八百円という高額な写真集にもかかわらず、友則は三十冊を受注した。ヨシダが登場する出版記念オンライントークイベントには写真集を購入した人だけが参加できる特典をつけた。

「ナギさんはテレビ番組『クレイジージャーニー』に出られていて知名度が高い。お客様の中にもご存じの方はけっこういらっしゃいます。コロナ禍で遠くへ出かけられない人たちが写真を通して違う世界へ連れて行ってもらうことができる。それくらいにパンチのある作品だと思いました」

企画の立てようで八千八百円もする写真集をこれほど売ることができるのかと、恐れ入ったという気持ちで私は友則の話に耳を傾けた。

午前九時、開店前の事務室に七人の社員が集まっていた。営業会議が始まろうとしている。ウィー東城店は人口減少社会で本屋が里山のハブになり得ることを指し示し、書店業界で注目を集める存在となった。営業会議はその中枢機能だが、その風景は、ごくありふれた、小さな会社の会議だ。このささやかな会議が、人口七千二百人の町で本屋が求められる風景を生み出している。外に出せない情報もあるだろうに、うちは数字は一切隠さないので、と友則はその場で社員に配られた月間売上表を私にも手渡した。書籍の売上を報告する妹尾秀樹の論理的な説明を聞いていると、十代にひきこもっていたとは思えない。化粧品コーナーの大日南《おおひな》まどかは、コロナ禍になってから感染を恐れて外出しなくなった顧客に向けてマッサージ券の企画を始めたことを報告した。

それぞれの部門の担当者が一人でも多くの来店客を迎えられるようアイデアを出し合い、意見を交わし合う。そこでは妹尾の発言に対し、「それは、こうした方がいいんじゃないかな」と大日南が異なる意見を出すなど、遠慮のない議論もあった。会議のメンバー七人のうち、友則、恵、日出夫の三人が創業家だが、佐藤家が仕切るという構図には見えなかった。むしろ、実直な日出夫が友則と社員の緩衝材となり、社員の盾になっていた。

会議の空気が変わったのは、日出夫が報告をしたときだった。

担当している雑誌の仕入れと売上について、

「エロ本の売れ行きが良くて……。特定のお客様方が、新刊が入るタイミングで必ず購入してくださってます」

と日出夫が真面目な面持ちで説明し、義姉の恵が真顔でこう打ち返したのだ。

「日出夫さんのセレクトと趣味の合うお客さんがいるんやねえ。それ、大事なことやねえ」

コロナ禍の影響で楽観視できない売上に硬かったみんなの表情が、爆笑とともにゆるんだ。


二〇二一（令和三）年夏には日出夫が常務取締役となり、ウィー東城店の店長職を大谷が友則から引き継いだ。

東城町の人たちはこの町に暮らす若い店長の誕生を喜んだという。ウィー東城店は今、本当に東城町に受け入れられたのかもしれない。

出張で東京を訪れた友則からこのニュースを聞いて、東城町で見たひとつのあたたかな景色が頭に浮かんだ。午後三時を回った頃だった。東城小学校の正門から下校する子どもたちが外へ出てきた。店の前に立っていた友則の姿を見つけた子どもたちが、六、七人はいただろうか。ランドセルを揺らしながら横断歩道を駆けてくると、子どもたちはあっという間に友則を囲んでしまった。

あのな、てんちょうさん。

きいて、てんちょうさん。

ひな鳥が親鳥に向かってくちをぱくぱくするみたいに、子どもたちが一斉に話しかけた。

身動きの取れない友則はすっかり目尻を下げていた。

四章

企む

ブックスキューブリック
けやき通り店
福岡県福岡市中央区赤坂2丁目1−12
ネオグランデ赤坂1F

ブックスキューブリック
箱崎店
福岡県福岡市東区箱崎1丁目5−14
ベルニード箱崎1F

1

コーヒーコーナーにて。

「年々社会環境は悪化しています。この二十年で最低賃金も消費税も上がったというのに、本の売れ行きは下がる一方です。正直、かなり厳しいですよ」

午後四時、二階の大きく切り取られた窓越しに陽が差し込んでいる。年配の女性のグループや一人で本を広げる中年男性、若いカップルでテーブル席はいっぱいだ。

「現状では二店舗合わせた本の売上と、カフェやベーカリー、雑貨の売上の対比は七対三ぐらいです。今は本のマイナス部分をカフェとベーカリーの売上で補うことができていますが、肝心の本で利益が上げられないのは問題ですよ。うちは本屋なんですから」

ＪＲ博多駅から北へ二駅、箱崎駅で下車し、箱崎ふ頭に向かう側の出口から歩いて二分ほど。

店主の大井実はこの箱崎ともう一箇所、福岡市内で二つの書店を経営している。福岡市の中心部、天神近くで二〇〇一（平成一三）年四月に書店を開き、七年後にこの箱崎店を出店した。二店舗合わせるとアルバイトを含め二十人ほどの従業員とともに店を営んでいる。

三十九歳で書店を開くにあたり、大井は敬愛する映画監督にちなんでブックスキューブリックと名づけた。『時計じかけのオレンジ』や『2001年宇宙の旅』など、難解なストーリーと現代アートのような鮮やかな映像で知られるスタンリー・キューブリックの名前を戴いた店名は、多数派の声に迎合せず、独自の選書で本を届けていこうという意志を感じさせる。

その大井は出版業界の商習慣にも反発を示していた。

「スマホやアマゾンなど環境の問題もあるでしょう。でも、それ以上に問題なのは、取引条件が硬直していることです。アメリカでは独立書店が増えていますが、それは書店の取り分が四割もあるからだそうですよ」

出版業界では「出版社↓取次↓書店」の順に商品を送るのが基本的な流通の流れだ。出版社と書店の間に位置する取次には大きくは二つの機能がある。ひとつは、書籍や雑誌などの商材を出版社から預かり書店に届け、また、書店から返品された商材を出版社に戻すなど、物流をコントロールする機能だ。そしてもうひとつ、書店から回収した品代を書店に代わって出版社に納めるなど金融機関的な役割がある。取次は何千社もの出版社から本を預かり全国の書店に届け、書店は商品を委託販売する。本が届くと書店は一旦品代を払い、返品後に返金される仕組みだ。

流通に関して取次のコントロール権は強い。代表的なものが見計らい配本で、これは取次や版元が見繕った本を自動的に書店に送るというものだ。だが、取次の一方的な配本には問題もあると、大井はこんな話をした。ブックスキューブリックでは、書籍は全て大井が選んで注文する。取次から自動的に新刊が届けられる見計らい配本のサービスは受けていない。それなのに、年度末に注文していないムックが大量に送りつけられたことがあったという。

「勝手に届いた商品は買切ではありませんので最終的には返品することは可能です。でも、返本できるとは言っても一旦届いた本については支払いが発生します。年度末に送りつけられてきたムックについてもそうです。つまり、取次は自分たちの売上をつくるために、うちの選書の方針と関係のない本を送ってきているんですよ」

取次会社の年度末の帳尻合わせに書店が利用されていると大井は憤慨していた。

「書籍の粗利率は、出版社にもよりますが、だいたい二十二〜二十三パーセント前後で、他の業種に比べると低いです。書店業は利益率の低い商売ですので常に資金繰りには余裕がありません。それなのに書店を苦しめるようなやり方には抵抗を感じますし、何より、仕事のありようとしてフェアではありません」

それは二〇一九(令和元)年秋のことだった。私は博多の夜間保育園に関するルポを出版し、直後に大井からブックイベントに声をかけてもらった。聞けば、大井の一人娘が卒園生なのだという。一九七三（昭和四八）年に長屋の託児所からスタートし、現在では二百人近い園児を預かる認可夜間保育園、どろんこ保育園だ。九州一の歓楽街中洲《なかす》で働く母親たちを支えるためにつくられたどろんこ保育園はモンテッソーリ教育や自然食の給食を組み合わせ、充実した保育内容と親を支えるという保育方針を確立している。大井も格別な思い入れがあるようで、保育園の理事長を交えたトークイベントを企画してくれたのだった。

イベントはブックスキューブリック箱崎店二階のカフェスペースで開かれた。鼎談を進行する大井は、堂々としていながら軽妙な話しぶりが板についていた。四十一歳で父となった自身と妻、そしてひとり娘が夜間保育園にどれほど支えられたのかを語る大井は、ときに葛藤しながらも自信を持って自分で決めた人生を生きている。その横顔は若い頃の華やかな経歴を思い起こさせた。大井は同志社大学文学部を卒業してから二十代の数年、東京・表参道でファッションショーなどの制作会社で働き、イタリアでの生活を経て、関西で現代アートギャラリーの運営に携わった。

だが、翌日の午後四時、取材のために訪ねた同じ場所で向かい合う大井は、前夜とはやや異なる印象に映った。書店業界の構造問題に憤る大井は、同時に、無料の活字情報がインターネット上に溢れる時代に、書籍の売上が低下する流れには抗《あらが》いようがないとわかってもいた。だが、書店についての取材に応じるからには、店の宣伝になるような話をした方が商売のプラスになるだろうに、大井の話はなかなか景気のいい方向には向かっていかない。

ブックスキューブリックは日本でも存在の知られた独立書店なのだから、弱音にも聞こえるコメントは損ではないか。計算ずくで発言をしない人なのだろうか……。

そんなことを思っていると、大井の言葉が次第に熱を帯びていく。

「例えば、買い切った商品は返品しないわけなので、掛率を下げるなど取引条件を弾力的に変えてほしい。でも、出版社はうちのような小さな書店が個別に交渉しようとしても相手にしません。誰と組んでどんなルートをたどれば交渉のテーブルにつくことができるか、考え続けています」

大井は仲間を募って出版社と条件交渉をしようというのだ。

大手書店以外の書店の声は軽んじられる業界にあって、出版社や取次に対して申し入れをしようという強気の姿勢はもとより、インパクトのある形で打ち出していこうという発想は、やはり根っからの企画する人なのだなと思わせた。

人の考え方や思考は、最初に就いた職業の影響を受けると聞いたことがある。その原則に当てはめれば、大井の基礎は二十代につくられたのだろう。

だが、イベントの企画運営と独立書店の書店主、この二つの点の間にはずいぶんと距離がある。

一九九〇年代後半、大手書店は地方都市に出店攻勢をかけた。福岡市の商業地区・天神《てんじん》にはリブロ、紀伊國屋書店（博多大丸店）、八重洲ブックセンター、丸善など、東京の大型書店が相次いで出店。二〇〇一（平成一三）年にはジュンク堂が天神に進出した。在庫数十五万冊、売り場面積五五〇〇平方メートル、西日本最大規模との鳴り物入りで登場したこの巨艦と入れ替わるように、同じ年には八重洲ブックセンター、二年後にはリブロが閉店。二〇〇四（平成一六）年には紀伊國屋書店（博多大丸店）が撤退した。前後して、地元の中堅書店は取次に買収されている。

大井がブックスキューブリックを始めたのは、よりによって、この福岡書店戦争のさなかだった。それも、戦地・天神から西に向かって地続きの赤坂けやき通りで開業したのだ。

出店前に業界の勉強のために天神の中堅書店でアルバイトをしたとき、採用面接でこんなことを言われたのだと、大井は懐かしそうに笑った。

「バイトの募集を見つけて履歴書を出したんですけどね。店長が『悪いことは言わないからやめときなさい』って言うんだよね」

定有堂書店の奈良敏行だけが、「頑張ろうよ」と背中を押したことは二章で触れた通りだ。

その後、晴れて開業にこぎつけたとき、挨拶に訪れた出版社や取次の関係者は大井が書店業未経験者だと知って驚いたという。実際、もし大井が書店業の現実を詳しく知っていたならこの選択はなかったかもしれない。それほどに、書店業に素人が手を出すのは無謀とされている。だが、大井はどうしても独立書店を開きたかったのだ。

大井は子どもの頃から移動する暮らしをしてきた。

一九六一（昭和三六）年に福岡に生まれた。転勤族だった父の仕事の関係で小学校入学のときに福岡を離れ、関西と関東を移り住んだ後、中三で福岡に戻り、県立福岡高校に進学した。福岡高校は県下トップクラスの進学校で、地元の九州大学に一人でも多く送り込むことを目指している。大井は管理教育に反発し、ラグビーに打ち込み、主将を務めた。卒業後は同志社大学に進み、その後、東京・表参道にあるファッションとアートの企画会社に就職した。そこでイベントの企画運営の実務経験を経て、二十代後半でイタリアに移り住む。フィレンツェやミラノでのその二年間が書店経営を発想する原点となった。

イタリアはひとつひとつの街が中世の都市国家をもとに成り立っている。ローカルな町がコンパクトにまとまり自立して存在しているところに大井は惹かれた。人々は地域に受け継がれた郷土料理を愛し、自分たちの町のサッカーチームに熱狂する。バールや惣菜店など、人々には行きつけの個人商店があり、商店主と来店客の間には地産地消を支え合う互助的な信頼関係がある。何百年もの時間を経た建築物が立ち並ぶ歴史遺産のような町で、老人から子どもまで異なる世代がともに暮らし、町に対する共通の美意識を持っていた。そんな豊かな関わり合いの風景の中に、独立書店はごく当たり前に溶け込んでいたのだ。

翻《ひるがえ》って大井が少年期を過ごした一九七〇年代、町のあちらこちらに小さな書店があった。大井は子どもの頃から本屋が好きだった。高校時代、新潮文庫でカミュやカフカをはじめスタンダードな海外文学に親しみ、この頃に創刊された『POPEYE』（マガジンハウス）を貪るように読んだ。

ミラノから帰国してからは、大阪の四條畷《しじょうなわて》市で野外能舞台やアート展のプロデュースと地域新聞の発行に携わった。三十代半ばにさしかかり、移動続きだった生活に区切りをつけてどこかに根を下ろしたいと考えるようになったとき、大井は福岡で書店を開こうと思い立った。

2

天神から西通りを横切って十分も歩けば、けやき通りにたどり着く。けやき並木が大きく枝を広げ、ブティックやレストランが軒を連ねる。

ベージュのタイルで覆われた上品なマンションの一階にブックスキューブリックはあった。店の表には煉瓦《れんが》が敷き詰められ、紺色のテントが張り出した外観は瀟洒《しょうしゃ》な構えだ。天井から下がっている丸い照明はオレンジ色のあたたかい灯りで店内を照らす。すっきりとしてモダンでありながら奇抜すぎない内装はインテリアデザイナーである大井の妻真木がデザインした。福岡高校の同級生だったふたりは大井が福岡に戻ってから再会し、書店を開く計画とふたりの恋愛は同時に進行した。

当初、大井は別の場所を検討していた。けやき通りはいちばん出店したい場所だったが、家賃が高すぎて難しいとあきらめていた。ところが、あるとき、銀行の寮だったコンクリートのビルが壊され、大規模マンションが建てられる、しかも一階に三軒のテナントが入ると知り、大井は急遽物件を予約する。ここで予定は大きく変更された。大井は賃貸物件での開業計画を改め、購入することにしたのだ。十五年の返済計画で国民金融公庫から二千万円の融資を受けたが、毎月の返済額は賃貸物件で家賃を払うより安く抑えられた。加えて、もし店が立ち行かなくなったとしても物件を賃貸市場に出せば収入を得られるという安心感を手に入れることができた。

地域に根ざした町の本屋でありながらも、深い世界に誘ってくれる水先案内人のような、幅広い年代の人たちの関心に応えられる小さな総合書店にしたいと大井は考えた。店内には文藝春秋をはじめとする月刊誌、週刊文春や週刊新潮、ＡＥＲＡなどの週刊誌、女性自身、週刊女性といった女性週刊誌、ファッション誌、カルチャー誌、インテリア誌、子ども向けマンガ誌のちゃお、コロコロコミック。雑誌はもちろん、料理書、旅行書、ビジネス書、文庫・新書、文芸書から人文書、児童書と絵本、アート、建築など、学習参考書や資格試験本以外のジャンルを揃える。

だが小さな総合書店はささやかなという意味ではないらしい。例えば書店が開く読書会について、大井の考えはこうだ。

「本が好きな人たちが集まって話をするのはいいけど、それだけではつまらない。僕が読書会をするとしたら、福岡の人たちにインパクトをもって伝えられるような場所をつくりたい」

本を通して人々の心にさざ波を起こし、町の暮らしや人の心のありように変化をもたらす——。そんな、本を手渡した先に起こる化学反応を狙って仕掛けていくことに意義を感じ、また、それを実現したいのだと話すとき、大井の口調は熱を帯びる。

大井は福岡市で本の祭りも開催していた。ブックとフクオカをかけて「ブックオカ」。「けやき通りのきさき古本市」を中心に、およそ一カ月間、書店員や編集者、ライターなど有志が協力して本にまつわるイベントを繰り広げているのだという。

早朝には小雨がぱらついた。

前夜の天気予報では「下り坂」と出ていた。中止もあり得るかと心配したが、朝七時、ブックオカのホームページには「決行」と告知された。

ブックオカの「けやき通りのきさき古本市」が開かれることになっていた。十一月三日、文化の日だ。

雨はほどなく上がり、天神の国体道路をけやき通りに向かって歩く頃にはすっかり晴れ渡っていた。

屋外イベントの常で、毎年天気には気をもむらしい。雨天順延となった年もあったという。

大井を実行委員長に、二十人ほどのボランティアの運営委員がブックオカを運営している。出店者の中にNHKのローカルニュースを担当する気象予報士がいて、のきさき古本市の開催日には朝六時台に最新のデータを分析し、古本市のリーダーの運営委員に伝えてくれる。

けやき通りに到着すると、ブックスキューブリックの軒先には客が集まり始めていた。店の前でコーヒーを淹《い》れる大井の隣でハットを頭に乗せた男性がそれを飲んでいる。大井が男性を紹介してくれた。

「最年長ということで僕が実行委員長になっていますけれど、運営の実質的な責任者というか、ブックオカの全てを把握して形にしているのはこの人なんですよ」

大井がおどけて男性に向かって頭を下げた。この人は藤村興晴《おきはる》。忘羊社《ぼうようしゃ》という出版社を営んでいる。

福岡には一九七〇（昭和四五）年に設立された、葦書房《あしししょぼう》という地方出版の草分け的な出版社がある。創業した久本三多《ひさもとさんた》は、九州内外の作家に愛された名物編集者だ。思想家渡辺京二が水俣病闘争を経て五十代で福岡の河合塾で現代文を教えるようになると、久本は渡辺を囲んだ教養講座を企画した。現在も平凡社ライブラリーで版を重ねる渡辺の代表作『逝きし世の面影』は、一九九八（平成一〇）年に葦書房から出版されたのが親本だ。久本は一九九四（平成六）年に四十八歳で早逝し、のちに葦書房から離れた編集者たちが石風社《せきふうしゃ》を設立した。

藤村は兵庫県尼崎市出身だが、福岡市にある九州大学法学部に進学し、十九歳のときに中村哲医師のアフガニスタンでの人道・復興支援活動を支えるペシャワール会を訪ねた。中村哲医師は紛争下のパキスタンとアフガニスタンで、医療支援活動にとどまらず、人々の暮らしの礎となる農業を営むことができるよう、干ばつ地で井戸を掘り、農業用水のかんがい事業に取り組んだ。ペシャワール会は中村医師の活動を地元福岡から支援するために設立されたＮＧＯだ。ボランティアの手伝いをしようと思って行ってみると、そこに石風社の編集者がいた。その縁で石風社で働くようになり、二〇一三（平成二五）年に独立して忘羊社を始めた。

二〇〇六（平成一八）年の春のある夜、藤村と大井は友人の女性と三人で酒を飲んでいた。女性は本業の傍ら、オンラインで古書店を運営している。大井と女性が「一箱古本市」のようなものを福岡でもやりたいね、と言い出した。前年に東京の上野不忍池《しのばずのいけ》で「不忍ブックストリート」という古本市が行われ、話題になっていた。

言い出しっぺの三人が知り合いに声をかけ、書店や出版社、印刷会社、ラジオ局などに勤める十五人ほどの本好きが石風社の会議室に集まった。藤村がキッチンでつくった料理をつまみに酒を飲みながらわいわいと議論をした。

その昔、福岡では中国の皇帝から授けられた金印が見つかっているが、それは一世紀半ばの頃のことと推測される。二千年も前から大陸との行き来があった土地柄だからなのだろうか、福岡の人は開放的な気質でノリがいいといわれる。そして、その夜集まった人たちもやはりノリがよかった。彼らは半年後、本当にのきさき古本市を開催してしまった。

その初めてのブックオカで、大井と藤村は驚いた。

「本にね、人が群がってるんですよ。それにはもう驚きました。だって、そんな景色、書店で見たことなかったですもん」

二人の言葉がハモった。

忘れられない景色があると藤村が話した。ある老婦人が亡くなった夫の蔵書を出品していたところ、通りがかった同年配の女性が歓声をあげた。三十年近くこの本を探していたのだという。そして見ず知らずの女性二人が抱き合って巡り合いを喜んだ。誰かが読んだ本を次の誰かに手渡すことには、ときとして単なる売り買いを超えた意味が生じる。そんな場面に立ち会い、藤村は心を揺さぶられた。また、自転車で通りすぎる女子高生が「わ、古本市やらやりよう。帰ってお小遣い持ってこな」とつぶやく声が藤村の耳に飛び込んできた。青空の下に古本の店がずらりと並ぶ景色が老若男女を問わず人を惹きつける力を持っていると藤村は知った。

大井がうなずいた。

「(ノンフィクション作家の)佐野眞一さんの『だれが「本」を殺すのか』が出版されたのは僕がブックスキューブリックを始めた二〇〇一年です。あの当時も出版不況っていう言葉はあったと思うんですよ。本とか書店というとマイナスの話しか出てこないことにうんざりしていたと思う。だけど、ブックオカをやってみたら、本が好きな人がこんなにいました。ブックオカは本好きの存在を可視化したんですよ」

なるほど、本好きな人たちがこれだけたくさんいることはわかった。だが、新刊書店が古本を売るイベントをやっても自らの売上にはつながらないのではないか。

ところが藤村は、自分の商売につなげる気はないと打ち返した。

「別に自分の売上のためにこんなことをやっているわけではないんです。強いて言えば、広い意味で読者にタネを蒔《ま》いておくということでしょうか」

そして藤村はこうつけ加えた。

「僕自身、本を読む経験を通じて、固定観念を離れ世界を自由に見ることを教えられました。本好きが多い街は、精神の自由を知る人が多いということ。そんな街に暮らせたら幸せですよね」

精神の自由は自立した生き方や民主主義ともつながる。精神の自由を共有することを目的にするならば、自身が新刊をつくる出版の仕事をしているとか、新刊書店を経営しているといった立場はさておいて、新刊と古本の垣根は軽々と越えられるというのだ。

だが、本業が忙しい中で、このような事業の運営は簡単ではない。大井と藤村は意見が分かれたことがある。

「ある年、地元の百貨店とそこに入店する全国チェーンの書店が共同で本のイベントを企画してくれました。ところが大井さんは、独立書店としての気概から、全国チェーンの書店においしいところを持っていかれるのではと不満を抱きました。私は、キューブリック単体として天神の大きな書店に対抗心を持つのはわかるが、ブックオカに限っては大書店も小書店もないでしょう、と反論しました。それについて、大井さんが折れてくれたんです」

広告会社、書店、東京の出版社などに協賛金を募る。一口あたりの額を数万円と少額にしている分、数を集めなくてはならない。こうした営業から印刷物の制作、イベントの企画まで全体の実務を藤村が取りまとめる。そのためブックオカの季節になると二カ月は本業そっちのけでかかりっきりになる。ポスターやチラシ、パンフレットをつくるのは、実行委員会に参加しているプロのデザイナーやライターだ。当初は全員が無報酬だったが、フリーランスの実行委員には報酬を支払うようにした。しかし事務局の自分が報酬を受け取るのはちょっと違うと藤村は思っている。

「新刊と古本などの垣根を越えて本の魅力を伝えていこうという手間暇のかかるイベントです。大きな企業に対しても『協賛してよ』と言いたくもなるのですが、だからといってこれで自分が収入を得てしまうと、堂々と『協賛金を出せ』と言いにくくなるな、と思っています。大口のお金を出してもらえる会社があるならありがたいですが、結局、そのような企業には出会っていません。年度ごとに五十万円から百五十万円の間の予算でやっています」

徹底して筋を通すところは、キリスト教の信仰を礎に現地の人たちとともにあった中村医師を支え上げたペシャワール会仕込みなのだ。

二年目はオリジナルブックカバーの企画を立てた。ブックオカの期間中、イラストレーターに描いてもらったオリジナルイラストを印刷したブックカバーをつくり、協賛する各書店で購入するとそのカバーをつけてもらえることにした。肝心のイラストを誰に描いてもらうか。広告会社に勤務する実行委員が、福岡・小倉出身のリリー・フランキーに描いてもらいたいと言い出した。リリー・フランキーの自伝的小説『東京タワー　オカンとボクと、時々、オトン』（扶桑社）は二〇〇六（平成一八）年に二二〇万部を超えるベストセラーとなっていた。ダメもとで実行委員がアタックすると、なんとリリー・フランキーは快諾した。ブックカバーは県内二百の書店で使用され、イベントは急速に認知された。その後も荒井良二、西原理恵子、宇野亞喜良《あきら》、tupera tupera、ミロコマチコなどからイラストを提供してもらっている。トークイベントには小説家や出版関係者が東京をはじめ各地から喜んでやってくる。本に関わる仕事をしている人たちも、ブックオカの心意気に共振しているのだ。

三年目には地元紙西日本新聞とタイアップし、新聞に挟み込むタブロイド判のガイドブックを製作した。だが、この頃、もっとこぢんまりとやりたかったと離れていく仲間が出てきた。藤村も本音ではここまで大掛かりなイベントにするつもりはなかった。

「ただ、ブックカバーを楽しみにしているんですよ、とか、福岡に転勤してきてよかった、といった声を聞くようになりました。僕らが思っていた以上にブックオカは社会的な存在になっていきました。福岡の人たちに必要とされるイベントとしてブックオカが認知され、一人で歩き出していました。それからです、僕ら運営委員が疲れたからとやめたり規模を小さくしたりしてはいけないと思うようになったのは」

そうは言っても、実務を一手に引き受けている藤村は何度も心が折れそうになり、誰からともなく十回の節目をもって終了しようという話が出た。

そして節目のその年には、版元、取次、書店など出版業界の川上から川下までの機能を背負う人たちが一堂に会してオープントークの会を開いた。その名前がふるっている。「車座トーク　本と本屋の未来を語ろう」だ。このとき大井は、ベストセラーの大半が都心の大手書店で捌《さば》かれてしまうような流通の不平等の問題を議論の俎上《そじょう》に載せた。吠《ほ》える書店主という大井のイメージはこの頃に定着したようだ。

ところが、仕事との両立に苦心しながら熱狂した十年に区切りをつけたいという大人たちの本音とは裏腹に、ボランティアで参加していた若い人たちから「せめて古本市だけでも続けてほしい」という声があがった。

「だから、心が折れそうになりながら今年もまたやってるんですよねえ」

と藤村が苦笑し、大井が藤村をねぎらうように肩を叩いた。

「でもねえ、ぼくらおじさんたちのやってきたことを若い世代が見てくれて価値を感じて一緒にやりましょうよって言ってくれたのは、ほんと、うれしかった」
のきさき古本市はけやき通りの西の端、六本松に向かう国体道路と大濠公園の方へ続く道に分かれる信号の地点まで続いていた。人の流れの切れないのきさき古本市の一キロほどを、私はゆっくりと何往復も行き戻りした。美しい風景の大切なひとこまを見落としてはいないだろうかと心配だったのだ。

3

福岡に暮らす人にとって、箱崎といえば筥崎宮《はこざきぐう》だ。九二一（延喜二一）年創建の筥崎宮には海上交通・海外防護の神様が祀《まつ》られている。毎年九月には命を尊び海山の幸に感謝する放《ほう》生会《じょうや》が行われ、大勢の市民で賑わう。

箱崎地区に福岡市による再開発計画が持ち上がったのは九州大学箱崎キャンパスの移転がきっかけだった。明治期に箱崎に設置された九州大学箱崎キャンパスは一九九一（平成三）年に工学部の移設が決定し、二〇〇五（平成一七）年にはいち早く福岡市西部につくられた伊都キャンパスに移転した（二〇一八年に全ての大学機能の移転が完了）。箱崎の四十三ヘクタールの九州大学跡地は、福岡市と九州大学によりスマートシティ計画が進められることになる。大井は箱崎の将来性に着目して二〇〇八（平成二〇）年にこの場所に出店した。

ところが、土地所有者である九州大学とUR都市機構による土地利用事業者の公募は十年経っても始まらず、コロナ禍で当面の延期が決まった。目論見《もくろみ》通りには進んでいないが、大井は箱崎店にさまざまな要素を組み込んだ。

ブックスキューブリック箱崎店はマンションの一、二階で、床面積は一階の書店が二十五坪、二階のカフェとギャラリー部分が三十坪、合わせて五十五坪だ。一階は書籍売り場がその大部分を占めている。書籍売り場の奥には妻がセレクトする雑貨コーナーをつくった。二階にはカフェとギャラリースペースをオープンした。この空間で開くトークイベントはブックスキューブリック箱崎店の看板イベントになった。コロナ禍以前は毎月のように東京をはじめ各地から多くの人気作家を招いて開催してきた。のちに大井はパン職人を採用し、一階の一角で自家製パンの販売まで始めることになる。

ギャラリースペースはブックオカのトークイベント会場としても重宝した。私が初めて取材をした二年前、地方の読者は作家との直接の接点に飢えているのだと、大井はこんなことを話していた。

「出版社も作家も東京に集中しているので、東京では当たり前のようにトークイベントやサイン会が開かれていますが、地方ではそういった機会はあまりありません。トークイベントを開催してみると、至近距離で作家と対話できることにお客さんがすごく喜んでくれました。こういった読者との接点は作家や出版社にとっても販路拡大に役立つと思います。音楽業界ではこういうキャラバンをずっとやり続けてきているわけで、出版業界だってやったらいいと思うんです」

ブックスキューブリックだけではなく九州の他県の図書館や書店と連携して作家の講演会を九州で巡回するツアーもときどき開催している。スケールのある企みを語るとき大井は生き生きとした表情になる。

二〇二一（令和三）年のゴールデンウィーク、私は再び箱崎店に大井を訪ねた。ブックスキューブリックは五月で二十年の節目を迎える。

カフェを開く際に探し求めて見つけた豆だというブックスキューブリックのスペシャルブレンドを前に、大井はこの二十年を振り返った。

「ネットによって人が情報に触れる量が格段に増えたことで、紙に印刷されたものにまで手が回らなくなった人が多いのが現状だと思います。それでも本を読もうと本屋に足を運ぶ人たちは、限られた本好きです。本屋はそうした本好きの人たちに選ばれるニッチな空間になっていくんじゃないでしょうか。だから、彼らを満足させられる選書や空間づくり、そしてコツコツと情報を出し続けることが大事なんじゃないかと思いますね」

現在、大井は店頭にあまり立たず、書籍の注文と補充、書籍以外の商品や材料の仕入れ、経理業務など、経営に関する業務をほぼ一人で行っている。

二店舗合わせて二十人のアルバイトスタッフの育成や信頼関係の構築は大井の頭を悩ませるところだった。二〇二〇（令和二）年春に緊急事態宣言が出された直後には、いわゆる労使関係の対応で思いがけない出来事に直面した。この時期、天神地区の大手書店の休業が相次いでいた中、大井は営業を決めたのだが、実はこのとき、コロナウイルスの危険にさらすのかと反発した数人のスタッフが離職していた。コロナ禍、店の営業と従業員の安全確保や納得感との調整に苦慮したという話は、その後、他の書店主からも聞くこととなる。

マネジメントに関する大井の悩みは他にもあった。例えば大手書店で働いたことのある人が、ブックスキューブリックに憧れて働かせてほしいとやってくることがある。書店員経験に期待して採用するが、なかなか長続きしない。ときには困惑することもあるという。

「選書はうちの根幹であり、アイデンティティそのものですから、選書は僕でなくてはなりません。ところが、うちで働きたいとやってくる人の中に、選書がしたいという人がいるんです。こういう申し出を受けると、正直言って戸惑います」

またあるときは、ブックスキューブリックでアルバイトしながらイラストやデザインの勉強をしている若いスタッフが印刷物のアイデアプランを出してきた。その意欲はうれしい。ただ、大井の目にはブックスキューブリックのテイストとは少し異なるように映った。加えて表現の技術にも拙さが見られた。そのため、思ったままの感想を伝えたところ……。

「『もっとほめてもらわないと困ります』と逆に文句を言われてしまい、まいりましたよ。そのことを話したところ、妻や娘からはもっと相手の気持ちを汲《く》まないとって怒られました」

若手社員の育成にまつわる悩みはさまざまな業種で耳にする話だ。今の新人はちょっとでも厳しくすると出社しなくなるとぼやく中間管理職もいれば、他方、意欲ある新人社員からは仕事を任せてもらえないと不満も聞こえてくる。だが、大井のようにほめてほしいと要求されたという話にはなかなか巡り合わない。私は大井の弱り顔を前に笑いを噛《か》み殺した。

「だけどほめないとやる気が出ないというのは、僕から言わせれば、少し違うんじゃないかって思うんですけどね……」

こうしたマネジメントの話になると途端に弱腰になる大井は商売に向いていないのだろうか。思い切って尋ねると、あっさり大井は認めた。

「それはそうですよ」

だが書店業は実業だ。この自己評価は矛盾しているではないか。

「ええ、僕は完全なる商売人じゃない。世の中には二割のアーティストタイプの人と八割のごく普通の感覚の人がいると思いますね。中小企業経営者向けの経営セミナーに参加してみると、コンサルタントの先生が必ず言いますよ。自分の好きなものではなく売れるものを並べなさいって。でも僕は売れるものより好きなもの、インパクトを与えるものを置きたい。その意味では二割のアーティストタイプの人間だと思います。コツコツやるのは苦手だし」

ここまで一気にしゃべった大井は、自分を肯定してみせた。

「でも、そういう遊びのある人間がいないと世の中つまらないじゃない」

その開き直りともとれる言葉がおかしく私は吹き出し、大井まで笑い出した。

ひとしきり笑い合ったあと、

「ブックスキューブリックは自分にとって作品のような存在なんですから」

と大井は真顔になった。

ブックイベントや展覧会を複合的に組み合わせながらブックスキューブリックを文化の発信基地として育てた。それは大井の望んだ通りの形だが、一方で書店業の日常は地味な作業の組み合わせからなる。屋台骨である作業の数々を支えるスタッフと自立した関係性をもとに一緒に理想の世界をつくろうという思いの大井だが、教育者的なことは苦手なのだという。大井はスタッフに成熟した職業人として対等な関係を求める。そして大井の好奇心はきっと、人材の育成に心を砕くより、新しく影響力のある物事を生み出し、推進する方へと向かうのだ。

どんなスタッフがいてほしいですか、と聞くと、

「僕の考えやブックスキューブリックの世界に共鳴して自律的に動いてくれる人がいてくれたらなあって思うけど、意外と出会えないいんだよねえ」

と大井はおどけながら嘆いてみせた。ブックオカには藤村がいた。ブックスキューブリックにも藤村のような根気強く支えてくれる片腕がほしいのだろう。

大井はこのあたりで話を切り上げると、こうつけ加えた。

「でもね、面白いことも始まってるんですよ。今度、見に来ますか?」

4

待ち合わせをしたのは羽犬塚《はいぬづか》という風変わりな名前の駅だった。戦国時代に天下統一を目指した豊臣秀吉が九州遠征をした際に関わりのあった犬に由来するらしい。秀吉が可愛がった羽がついたかのように元気のよかった犬、という説と、秀吉の行く手を阻《はば》んだ犬、という

説があるという。

駅前には喫茶店やホテルがぽつぽつと並び、ロータリーでは客待ちのタクシーが数台、暇そうにしている。夏休みだが部活で学校に行った帰りなのか、日焼けした男子高校生の集団がラケットのはみ出した大きなリュックを担いでコンビニに入って行った。

福岡県筑後市にあるJR鹿児島本線のこの駅で待ち合わせをしていた。大井は福岡市から車で南下してきた。取材先の熊本市からJRで北上した私をここで拾って目的地に向かうことになっていた。

大井がサポートしている書店が開業を目前に控えているという。だが、それはいわゆる普通の本屋ではないのだと大井はうれしそうな顔をした。ハンドルを握る大井から受けた説明によれば、建築学科出身の若者二人が地域の手仕事を再編集する事業で成功し、次はホテル事業を手がける。そのホテルの中に書店を開くという話である。

「こういう仕組みでやれば本屋にも可能性があるんだなって、発見があったんですよ。若い人たちが書店業界の構造的問題の影響を受けずに取り組めばこんな挑戦ができるのかと僕も刺激を受けたんだよね」

年代もののクラシックな銀行の建物や商店の並ぶ比較的大きな通りを過ぎると、建物の高さが一気に下がった。見回すほとんどの家々が二階建てだ。静かな場所だが住宅街ではない。

車は古い瓦屋根を載せた木造建築の商家が立ち並ぶ通りに到着した。

ここは八女《やめ》市八女福島。江戸時代初期に形成された城下町の町人地だ。のちに久留米藩の商人町として発展した。当時の塗屋造《ぬりやづくり》の町家を中心に、伝統的な建造物が美しく手入れをして保存されている地区だ。

二〇二一（令和三）年現在、八女市の人口は約六万人だが、二〇〇〇（平成一二）年には約七万六千人だった。高齢化率は当時の二十五パーセントほどから、この二十年で約三十六パーセントに上がった。地方の小規模都市には珍しくない推移だろう。その過疎と高齢化の町で若者が本屋をつくろうとしている。

「ここ、面白いでしょう？」

車を降りて先を歩く大井が企み顔で一軒の商家に入っていく。大井の後に続いて開け放された引き戸をくぐると、広い土間と木組みの艶々とした天井。土間を上がれば畳敷きの和室が続いているのが見渡せた。

そこは、「うなぎの寝床」という風変わりな屋号の、日本国内の手仕事を集めたセレクトショップだった。その初期、「うなぎの寝床」は、八女に隣接するかつての福岡南西部の中心地・久留米に伝わる久留米絣の工場と協業して現代版のモンペをつくり、ロングセラーのヒット商品となった。現在では日本各地のつくり手から衣服、雑貨などを仕入れて販売する。

全国の伝統工芸品や各地で受け継がれてきた手仕事を現代生活に合う形に企画した製品の販売も行う。自らを「地域文化商社」と表現し、創業者の二人を中心に二十代から五十代の二十人ほどで運営している。

通されたのは、傾斜の急な階段を上った二階の和室だった。商談や打ち合わせに使うというバックヤードのようなその部屋で、取締役の富永潤二が待っていた。富永は創業者である白水高広《しらみずたかひろ》と佐賀県立佐賀北高校の同級生という関係でもある。

いきさつは次のようなことだった。八女のこの一帯で受け継がれている美しい町家の一軒をリノベーションしてホテルとして運営するプロジェクトが発足し、「うなぎの寝床」のグループ会社が物件を賃貸契約してホテルを運営することにしたという。そしてホテルの一角に書店をつくる計画が進んでいた。

「業界として本が売れていないことは知っていましたけど、僕らはあまり問題だと思っていませんでした」

富永の言葉に出だしから驚かされた。

「うちの代表の白水は、本の値段はもっと高くするべきだと言っていますよ。こんなに時間と労力をかけてつくられたものが長く読み継がれていくためには、もっと値段を上げるべき、そうでないと長く売ることができないという考えです」

白水は建築を学んでいた大学時代に好んで本を読み始めた。都市工学、都市社会学、思想、哲学まで幅広く本を読むという。

それにしてもなぜ「うなぎの寝床」が本屋を始めようというのだろう。

「それはやはり『うなぎの寝床』の事業との関わりによるものです。僕らはこの地域一帯のつくり手の方たちと直につながり、商品を買いつけ、つくり手が過去から受け継いできた手仕事を今の世の中に合う形で製品にするお手伝いをしています。ものづくりの知恵や歴史を伝えることは使命だと思っていますが、それは簡単なことではありません。自分たちでは伝えきれない知識や情報などの領域を、本ならお客様に伝えられる。僕らが本の取り扱いを考えることになったのは、自然な流れだったと思います」

二〇一五（平成二七）年頃には事業のひとつとして書店のアイデアをあたため始めていたという。

だが、書籍は一般の商材に比べて利益率が低い。このハードルを「うなぎの寝床」はどう考えているのか。

「実はそこもあまり問題視していません。うちはこの一帯のつくり手の方たちをはじめ、日本各地で技術を受け継いだ人たちによってつくられてきたものを並べています。うちが取り扱っている商材の持つ意味や価値の背景にある社会や時代の動き、過去から人々が編んできた生き方、考え方、哲学、思想などを伝えてくれる力が、本にはあります。本によって、逆にうちの取り組みの輪郭がくっきりと見えてくるはずです。うちにとってこんなにありがたいものはありません。本のセレクトにあたっては、ものづくりに紐づいたラインナップにするという軸を明確にします。ですので、総合書店というよりは、建築、芸術、手仕事、歴史、思想、哲学、社会学といった領域を揃えることになるんだと思います」

隣で大井がうなずき、富永の言葉を引き取った。

「僕がこの人たちのことを面白いって言ったのはそこなんですよ。我々本屋は本という商材を本単体で売る頭で考えています。低い利益率の中でどうしのいでいくか、苦しい戦いに慣れきってしまっているところがあると思うんだよね。でも、『うなぎの寝床』の着眼点を聞いていると、本によって自分たちの商材の輪郭が明らかになると指摘している。本を売る仕事をしている僕は、こうやって本来の本の力が引き出され輝くことに驚いたし、本を売る仕事の可能性を新しく見せてもらっているような気がするんですよ」

「うなぎの寝床」はこの春（二〇二二年）に大井と契約を結び、大井が定期的に八女の店舗予定地に通って書店業の実務を具体的に教えてきた。

まず、大井が教えたのは取次との契約をはじめとする書店業の商慣習だった。そして取次会社を紹介した。それには三十九歳で開業した大井の体験がある。大井がブックスキューブリックを始めた二〇〇一（平成一三）年当時、取次は新規参入者に保証金として推定月商の三カ月分預け入れを条件としていて、ただでさえ開業資金が必要なところへこの保証金七百万円の準備には骨を折った。その経験から、これでは独立書店の生まれようがないと、書店業界の勉強会や出版業界の集まりなどでことあるごとに意見してきた。書店減少への危機感が高まり、近年は取次の側でも新規書店を支援する事業に乗り出し、保証金のハードルはかなり下がった。その情報を大井が「うなぎの寝床」に伝えた。

当初、「うなぎの寝床」では一冊ずつ出版社と交渉をして注文し自社で在庫を持つ買切を考えていたが、大井に教えられて取次と取引をすることにした。大井は取次に対して辛口な立場をとるばかりではなく、その利点も認めていた。

「出版社の数は何千にも上るんですから、その一社一社と買切で取引をするということは、毎月届く請求書や支払いもその数とほぼ同数になります。それを一手に引き受けてくれるのが取次です。金融機能としての取次は書店にとっては便利なんですよね。取次をうまく使って限られた資源を選書に集中させるというやり方を彼らに勧めました。それに、取次を通せばどの本も一冊から届くんですから、やっぱり便利なんですよ」

開店間近の店へと書店事業責任者の本間悠《はるか》が案内してくれた。本間は書店開業にあたり、

「うなぎの寝床」に参加した新メンバーだ。それまでは、八女市から少し離れた町にある中堅書店で六年ほど働いていた。

内装工事が終わったばかりだという商家の引き戸を本間が開けた。細長い土間からホテルへと続くのだが、土間のスペースの壁面に書棚がつくりつけられている。コンクリートを打ったここがホテルのロビーであり、書店になる予定だという。家具、タオル、食器など、ゲストが触れるホテル内の備品はほとんどすべて「うなぎの寝床」が取引をしている工芸職人や企業から仕入れている。ゲストはこの宿で「うなぎの寝床」が伝えていこうとしているひとつひとつのものを体験することになる。「うなぎの寝床」が大切にしている考え方や価値観が身体に記憶されるのだ。そして同じ空間に並ぶ本たちは、ゲストが身体で感じた価値を言語化して伝える役割だ。

「うなぎの寝床」を訪れる人たちはものづくりの背景にある歴史や物語を知ることに意欲的な人たちだという。好奇心を携えてわざわざ八女市に足を運ぶ彼らを待つ本屋がある。それは最良の組み合わせのように思えてきた。

白水高広と本間の二人を中心に選書が進んでいる。一冊一冊の本に、選書した理由を四百字ほどで記したＰＯＰを挟み込むことにしているという。商品に説明書きを添えるのが基本の「うなぎの寝床」では、本にＰＯＰを添えるのはごく当たり前であるらしい。

まだ本の入っていない空っぽの本棚の前で大井と本間が打ち合わせを始めた。

「この平台はコンクリートじゃない方がよかったね。本が傷むかもしれないから何か敷いた方がいいね」

大井がアドバイスをし、本間がうなずいた。

「一冊一冊選んだ本が、これからこの棚を埋め尽くすんですよね。なんだか緊張します」

「うなぎの寝床」の一員として、地域にこの本屋があることの意味を考えたいと本間は話した。

「ここの徒歩圏内に書店はありますが、残念ながら以前私が勤めていた書店と似たような本屋さんです。でも、本当は本屋ってそういう似たりよったりな場所ではないはずだという思いが私にはあります。私が子ども時代を過ごした室蘭も、この八女と同じくらい小さな町で、月に一回本屋に行くことがエンタメでした。普段は半径百メートルが生活圏だった田舎の女の子をいろんな場所へ連れ出して世界を広げてくれたのが本でした。八女もそうだし、今、私の暮らす佐賀もそうです。田舎に暮らす少年少女こそ、本を読んでほしい。田舎に暮らしていると、できる体験が限られています。その意味ではハンディキャップがあるかもしれません。でも、それを上回る世界を見せてくれるのが本なんですから」

多感な時期に心を動かしてくれる本との出会いを得られるとすれば、お金には換えられない価値があると本間は熱心に話した。

「あんなふうに新しい視点から本を売ろうとする人たちを見ていると、本を届けるやり方にはまだ可能性があるって教えられますよ。やっぱりさ、僕はああいう人たちを一人でも増やすような、書店という点が増えて、気づいたらそれがつながって面になっているような、そういう仕事がしたいよね」

福岡へ帰る高速道路でハンドルを握る大井はうれしそうだ。

本屋の力を世に問うためには店の経営だけではなく、本屋を始めたい人たちをサポートして仲間を増やしていくことも自分の役割だと大井は考えている。点が増えてつながり、面になる。地域に本屋があることでどんな変化が生まれるのかを考える大井は、やはり企む人だった。

「本は人間が書いているものですよね。だから、人間とつながりができるんですよ。本には人と人とをつなげる力がある。それが広がってコミュニティができる。そんな思いも寄らない力が本にはあるんです。『うなぎブックス』もコロナが収まれば、本というメディアでたくさんの人をつなぐ場所になっていくと思いますよ。静かな町を本屋が賑やかにするなんて、気持ちのいい話ですよね」

夕陽に向かって車はすいすいと進む。珍しく大井が年齢の話を始めた。

「僕ね、今年（二〇二一年）で六十歳なんですよ。高校の同級生だったやつらはそろそろリタイアだなあなんて話を始めてるんだよね。大きな企業の役員としてまだ現役を続けていくやつもいれば、退職金がどうのこうのなんて言ってるやつもいる。僕みたいな零細企業のオヤジはまだまだ頑張らないとなって思うよね」

福岡市の中心部、天神に到着した。陽が沈みかける西通りで車を停め、大井が私を降ろした。

別れ際、じゃあ、また、と大井が手を上げ、企み顔で笑った。

五章

本を売ることに賭ける

本屋Title
東京都杉並区桃井1丁目5-2

1

単行本に文庫本、写真集。ばらばらの判型の本を積み上げると小さな岩のようなかたまりができあがる。岩を厚い段ボール板でぐるりと包み、薄い段ボールで隙間を埋めると本がきれいに覆《おお》われた。

これがアマゾンなら、新品の段ボール箱に入れられるだろう。しかし店主は段ボールの端切れを組み合わせて器用に梱包している。よく見ると、端きれは出版社や取次から届く箱を切って延ばしたものだ。不要になった段ボールを分解して使っているのだ。

「ウェブショップで買ってくださる方がすごく多いんです。私も驚いているんですが」

長身の店主、辻山良雄が立つとレジカウンターはいっぱいになってしまう。そこで手を動かす辻山は身を屈《かが》めているようにも見える。

「遠方に住まわれているお客様が注文してくださるかと思えば、中央線沿線に暮らしている知人からの注文もあります。オーダーフォームのメッセージ欄に応援の言葉を添えてくださる方もいらっしゃいます」

コロナ禍に世の中が覆われた二〇二〇（令和二）年三月、閉店時間をそれまでの午後九時から午後七時半に早めたため、店頭の売上は下がった。だが、逆にウェブショップの売上は六倍近く伸びた。おかげで実店舗の売上減を補うことができているという。

その日は、夕方には東京都が新型コロナウイルス緊急事態宣言を発出すると予告されていた。朝、テレビのニュースは緊急事態宣言が今後の生活に及ぼす影響を盛んに言いたてた。東京には見えない緊張が張りつめていた。

荻窪駅に着くとマスクで口許《くちもと》を覆った人たちが入れ違いに改札に吸い込まれて行った。都心へ向かう通勤者の流れに逆らって荻窪駅から青梅《おうめ》街道を西へと直進し、交差する環状八号線の横断歩道を渡った。道沿いにはマンションと古い商店が軒を連ねる。

片道二車線の青梅街道は新宿から東京の西端青梅市を経由し、山梨県甲府市まで百三十二キロにわたって関東平野を横断する。雑然として忙しい通りなのだが、歩けば、生花店や蕎麦屋など、古くから商売をしている店が目に入る。そして店々の脇を路地に入ると、一転して静かな住宅街が広がる。この青梅街道に面して建つ、もとは精肉店だった商店を改装した古い建物が辻山の経営する「本屋 Title」だった。

九時過ぎ、私は半分だけ上がったシャッターの下から頭をくぐらせて店内に入った。灯りのともらない店内はしんとしている。壁を隔てて外の喧騒が遠くになった。

辻山は取次から届いた箱を開くと、雑誌や単行本を所定の場所に配置し、床を掃いた。開店準備を済ませた店主に一時間ほどインタビューをした。十一時半になると主はカウンターの中に入り、パソコンを起動し、メールをチェックした。

十二時、店内の灯りを点《つ》け、シャッターが完全に上がった。

たて続けに数人の客があった。ワイシャツ姿の若い男性がレジで支払いを済ませ、明日から店、閉めますか、と辻山に尋ねた。上着も荷物も持っていない。近隣の企業で働いている人なのだろう。ためらいがちな口調は、初めて体験するウイルスの災禍によって見慣れた景色が変わることへの不安を感じさせた。

辻山がウェブショップで受けた注文の梱包にとりかかった。

これは今届いた注文ですけど、と見せてくれたのは次のようなラインナップだった。

『すごい詩人の物語』山之口貘　立案舎

『現地嫌いなフィールド言語学者、かく語りき。』吉岡乾　創元社

『庭とエスキース』奥山淳志　みすず書房

『タマ、帰っておいで』横尾忠則　講談社

『13（サーティーン）ハンセン病療養所からの言葉』石井正則　トランスビュー

『本屋、はじめました』辻山良雄　ちくま文庫

注文票には東北のある町の住所が記されている。

「Titleは荻窪の街だけじゃなく、オンライン上にも存在していることを実感できます。この非常時に日本のあちこちから応援の気持ちで注文してくださっていると思うとうれしいです」

この六冊の本も、小岩のように梱包されて東北の町まで届けられるのだ。受け取った注文主があたたかい気持ちになる景色が目に浮かんだ。

張り出した青いテントとピカピカに磨かれた大きなガラス窓。住宅街の書店らしく、表には週刊誌や月刊誌、少年マンガ誌などが整然と飾られている。ガラスの扉を引いて中に入ると、目の前の「平台」と呼ばれる陳列台には文芸書や人文書の新刊が美しく積み上がり、右手の壁には建築、アート、写真関係の本が並ぶ。奥へ進むと哲学、思想、社会学、フェミニズムへとゆるやかに世界が広がっていく。左手にはライフスタイル、絵本、リトルプレスのコーナーもある。リトルプレスとは、個人制作の少部数の本や雑誌を指す、ひとつのジャンルだ。多くはアーティストや作家が自身の世界を表現するために個人でつくっている。作家が自ら書店を訪れて店主に紹介し、取り扱いを交渉することもあるという。

突き当たりにカフェコーナーがある。木の階段を上がると、誰かの家の小部屋のような空間が現れる。ここでは新刊本の発売に合わせた企画展や写真展を行う。

訪れた人は静けさを壊さないようそっとガラスの扉を閉める。入り口から店主の姿は見えない。あるいは辻山は「いらっしゃいませ」と言っているのかもしれないが、その声はほとんど聞きとることができない。愛想のない店主に放っておかれ、一万冊の背表紙が描き出す地図を眺めていると、本を通した自分との対話が始まっていく。そのうちに、隣り合って並べられた本の背表紙たちが頭の中でがやがやと話し出す。

Titleにある本は全て辻山が選んでいるが、そのうち四割は店のコアな客層に向けた本、残りの六割は、店の近所に住む人たちが読むような、一般に向けた本だ。出版社から届く新刊案内と、大手出版社は中小書店に新刊リストを送らないため、取次会社からの情報で確認する。見計らい配本は利用せず、専門書や学術書、地方出版物といった大型書店でないと見つけられない本にも出会える意外性のある棚を意図している。

忘れていた記憶や蓋《ふた》をしていた感情が刺激されるのだろう、辻山の編集した棚は眺める人の内面を揺らし、気づけば十五坪の広く深い世界に心を開いている。

「何万部売れた、といったことはうちには関係がありません。それよりも、誰がどのような思いでこの本を書いたのか、誰がどのような意図でこの本を編んだのかを大切にしています」

そんなことを話してくれたのは、二度目に訪ねた翌二〇二一（令和三）年の春だった。開店前、店の奥のカフェコーナーで私は辻山と向き合った。カウンター席が三席、一人がけのテーブル席が二つ、ここは妻の綾子が取り仕切る。ふわふわのフレンチトーストが定番メニューだ。

「そもそも本は日用品や食料品のような消費財ではないと思います。役に立ちそうだから、流行っているからと買って、なんとなく読んで、『はい、次』というような本は、その本でなくてもいいということ。消費されて終わりというのはつまらない。うちの店にもこの場所を消費しにくる人はいます。例えば、雑誌で見て流行っているらしいから来ました、とか、ああ、こういうところかって店の写真を撮って、はい、次、みたいな。それは、その店から何かを受け取るということじゃなくて、流行りのものを消費するということですよね。うちは店内を撮影禁止にはしていませんが、やっぱりまあ、寂しく感じます」

ゆっくりとした口調とは裏腹に繰り出す言葉は手厳しい。

「本はね、やはり嗜好品だと思います。嗜好品とは、必ずしもなくてもいいかもしれないものです。けれど、結局、その人をつくるのはその人の嗜好だと思います。自分の核になるのはそういうものだし、それがうまくいけば仕事になることもある。無駄万歳というか、嗜好万歳です」

辻山は出版業界のあり方についても疑問を投げかけた。

「出版社の編集会議で、よく『他社のあのベストセラーのような本を出そう』『あのヒット作の著者に書いてもらおう』という話になるそうです。同じような本を出せ、類書を出せというわけです。でも、そのやり方は嗜好品にあてはまるのだろうかと疑問に思います。嗜好品としての本の輝きを曇らせてしまうのではないか、縮小再生産にならないか。もし、それをわかっていてやっているのだとしたら、おかしな話ですよ。

僕は同じような後追い本よりも、既存のジャンルに当てはまらない本ほど面白いと思います。新しいジャンルはジャンルの外側から生まれてくるんじゃないでしょうか。作家も枠にはまらない人に惹かれます」

そして坂口恭平の名前を挙げた。坂口は早稲田大学の建築学科を卒業後にモバイルハウスをテーマに『0円ハウス』（リトル・モア）を出版してから二十年近く、小説、音楽、絵画など、表現のジャンルを拡張してきた。

「坂口さんは、作家なのかアーティストなのかわからない。でもどのジャンルで表現されても一貫して坂口さんの世界がある、それは坂口さんにしかない魅力だと思います。昨年（二〇二〇年）秋に出されたパステル画集『Pastel』（左右社）が評判になりましたね。でも、あれは坂口さんの描く絵に唯一無二の世界があったから売れたのであって、パステル画であればなんでもいいという話ではありません。ところが今の出版社は、似たようなテイストのパステル画を描く人を探してきてパステル画集を出せないかと企画会議で相談したりするのではないでしょうか。あるいは坂口さんのパステル画集の初版部数や初速を調べてマーケティングのようなことをするのかもしれません。でも、この企画の肝は『パステル画』ではなく、『坂口恭平がなぜかパステル画の画集を出す』ところにあるはずです。マーケティングも必要なのかもしれませんが、そのあたりを履き違えている人が最近は多いんじゃないかなと思います。

それに対して、ひとり出版社が出す本にはほのかな輝きを感じます。それは、自分がやりたいと思った企画を自分で本にして、自分で売っているからです。それこそが出版や書店の原点だと思います」

翻《ひるがえ》って出版業界の様相を見ると、書籍の売上は一九九六（平成八）年の一兆三一〇億円をピークに二〇一九（令和元）年には六七二三億円まで下がったが、出版点数は九六年の六万三〇五四点が一九年には七万九一〇三点に増えている。薄利多売を指し示すこの数字の推移は、何を意味しているのか。

「出版社の人たちが本当につくりたい本をつくっているのか、今のような状況では首を絞めることになっているのではないかと僕は思います。企画会議には、年間予算を達成するために出版点数を増やすのはやむを得ないという雰囲気があるのだろうと想像します。でも、そうやって本の乱造が続いた結果、本の価値を貶《おと》め、本への信頼を奪うことになってはいないでしょうか」

日販が発表した「出版物販売額の実態」(二〇二二年版)によると、出版社の総数はこの二十年で半数近く減少し、現在は三千社弱だという。書籍と雑誌、コミックを含めた総売上もやはり約半分に縮小し、一兆六千億円ほどにまで下がった。売上高が百億円以上の企業は二十九社で全数の一パーセントだが、それらの二十九社の売上を合わせると、売上全体の五十二パーセントを超えるという。

ところが、Titleの棚は売上高上位の出版社の本を中心に構成されてはいない。むしろ中小の出版社やひとり出版社の本が特等席に並んでいる日もある。誰がどのような思いを込めて何を伝えようとしてつくったのか、つくり手の世界観を確認し、そのうえで「うちに合っている」と辻山が思えば取り扱う。作品によっては、すぐに売れなくても返品されずに長い期間棚に収められている。

そんな辻山の話を聞きながら、ひとりの編集者が頭に浮かんだ。

大手といわれる出版社でノンフィクションの単行本をつくる部署の編集長をしているその人と、朝、カフェで打ち合わせをしていた。インターネットがインフラとなり、さまざまな事象や考えに簡単に触れられるようになった結果、人がハードウェアとしての本に求めるものは変わってきているよねという話になった。二千円近い対価を払ってでも持ち帰りたい本とは、つまるところ、手元に置いておきたいものでなくてはならないと考えるようになったとその人は言った。長く読まれるに値する内容であるだけでなく、飽きのこない文体でなくてはならないし、加えて、装丁や装本といったプロダクトとしての美しさまでが必要だということに思い至ったのだという。だが一方、大勢の社員を抱える組織では人件費を稼ぐために一定の出版点数も必要になる。現実には、売上を立てるための企画を世に送り出すこともあるというジレンマを彼は認めた。編集長になる前の彼は、担当する仕事でヒットを続けていた。新進の経済学者の初めての著書が賞をとり、老舗出版社を舞台にしたノンフィクションは注目を集めた。著者と関係をつくり作品を世に問い手応えを得る興奮と達成感を知った彼が、マネジメントの立場になってからは部下の進める企画に目配りしながら一日に何回も紀伊國屋書店の売上をウェブでチェックしてしまい、気が休まらないという。

編集長という立場は望んでも誰もがなれるものではない、選ばれた人だけが就《つ》くことのできる憧れのポストだ。ところが実際に編集長になってみると気苦労は想像を超えるもののようだった。もし彼が辻山の指摘を聞いたらどう思うだろうかと、気づけば考えてしまっていた。ジレンマに葛藤する彼は裏返せば本をつくる仕事に真面目だともいうことができる。著者と真剣に対峙し、読み手の知的な欲求を刺激して心を潤すことのできる、そんな本をつくろうとする編集者にとってこそ、堪《こた》える言葉かもしれないと思った。

出版業界を見渡せば、売上も規模もさまざまだ。待遇について比較すれば、社員の雇用規定や著者の契約内容は大手出版社の方が条件はよい。他方、ひとり出版社で全てを個人が担う重さと自由度を天秤にかけると、それは何のために本をつくるのかという生き方の領域にまで踏み込んだ問いをはらむことになる。Titleの棚を見ていると、本をつくる仕事とは何かを問われているような思いになる。それは売文業の末端に身を置く私に向けられた問いでもある。

売れそうな本をつくるのではなく、どうしてもつくりたい本、つくらずにはいられない本を出さない限り、いずれ本は必要とされないものになってしまう。そう辻山は静かに警告している。

東京の郊外、ＪＲ荻窪駅から徒歩十三分。決して便利な立地ではないが、わざわざ訪れるファンを多く持つ。このTitleを取り仕切る辻山とは一体どういう人なのか。

2

辻山は一九九七（平成九）年に早稲田大学政治経済学部を卒業し、総合書店リブロに就職している。一九八〇年代初頭に西武グループの書店として誕生したリブロは、浅田彰、中沢新一、吉本隆明など同時代の思想家と読者の接点をつくり新しい文化の発信基地の役割を果たした。リブロのいちばんの功績は、思想や哲学とファッションをつなげ、このジャンルの本を読むことがスタイリッシュだという流行を生み出したことだという。名古屋、広島、福岡など地方都市に多店舗展開していたが、二〇〇三（平成一五）年に取次会社日販の傘下になった。そのリブロを、池袋本店の統括マネージャーを最後に辻山は退職している。

数千坪の売り場を展開する大書店の統括マネージャーが、退職して十五坪の独立書店を開いた。廃業する書店の数が増え続けていたその時期に辻山が開業を決めるまでにはどのような経緯があったのか。

Title開業の翌年に出版された辻山の著書『本屋、はじめました』の文庫版（ちくま文庫）

を読みながら、リブロでの足跡をたどることにした。

それによると、新入社員の辻山はまず練馬区のリブロ大泉店に配属されていた。近所のシニアがサンダルばきで週刊誌を買いに来るような地域の生活と直につながった書店だったという。それはリブロ池袋本店の華やかさに憧れた辻山に、等身大の「本を売る仕事」を教えるものだった。

三年後の二〇〇〇（平成一二）年、福岡を振り出しに地方勤務が始まる。

その頃、当地は天神書店戦争のただなかにあり、地元の岩田屋《いわたや》百貨店が若者をターゲットにつくった新館ジーサイド（Z.SIDE）に出店したリブロは、アートや絵本を中心とした棚づくりが評判を呼んでいた。大分や熊本の百貨店からも出店要請が相次ぎ、福岡県内では久留米市と福岡市の副都心・西新《にしじん》に出店する。

辻山は久留米店に赴任した。久留米店は同市の繁華街に位置し、大泉店の二倍近いフロア面積だった。そこで辻山は副支店長として、企画、アルバイト管理、売上管理など、店舗運営を経験する。続いて、福岡市の岩田屋百貨店西新店の中にあるリブロ西新店に異動する。西新は文教地区と庶民的な商店街の顔を併せ持つ。二〇〇二（平成一四）年十月に『ハリー・ポッターと炎のゴブレット』（静山社）が発売されたときには、予約冊数をカウントして店頭に張り出したところ、ノリのいい西新の客との呼吸が合い、池袋本店に続く全国のリブロで二位の売上を達成した。また、この時期、人生のパートナーとなる妻綾子と出会っている。

次の赴任地広島には初めて店長として着任するが、広島店は四百坪から百八十坪に縮小され、辻山は小さくなった店をゼロから組み立てる役割を託された。縮小前の広島店が洋書や芸術書に特化した店づくりをしていたことを踏まえ、クリエイター大橋歩の個人雑誌『アルネ』（イオグラフィック）や『anan』（マガジンハウス）の別冊として創刊した『ku:nel』（マガジンハウス）を念頭に、ライフスタイルを軸にした棚づくりの模索から始めた。独自の分類項目をつくり、ハードカバーや文庫本の別なくテーマで分ける方法で棚を編集した。

広島店から名古屋店に転勤すると、店長として地元書店や雑貨店などと協力して古本市BOOKMARK NAGOYAに取り組んでいる。本にまつわるさまざまなイベントを書店、古書店、雑貨店が連携して行うフェスのようなイベントだ。福岡のブックオカ（四章）を参考に始めたこのイベントがきっかけで、地元の新聞社や同業の書店店長、書店主と交流し、書店と地域社会の関係を考える経験をした。

そして二〇〇九（平成二一）年、三十七歳で池袋本店勤務となり、専門書全般を担当する書籍館のマネージャーに着任する。このとき、改装の節目にあった池袋本店ではカルトグラフィアという企画が始まろうとしていた。カルトグラフィアとは英語で「現代の見取り図」

「知の地図」をつくるという意味だ。この企画チームを辻山はリーダーとして主導することになる。

カルトグラフィアは若手の思想家や表現者にフォーカスした。ジャンル横断の棚を人文書のフロアに開設し、國分功一郎、中島岳志、坂口恭平、古市憲寿、岸政彦など、新進の書き手を招き、異なる話者との組み合わせによるトークイベントを毎週企画した。

ブックフェアもイベントも繰り返すことで初めて店の姿勢を伝えられる。それも一人の作家を一度招いておしまいではない。注目する作家についてはその作品はもちろんのこと、活動を含めて追い続け、新しい面を見つけてはフェアやイベントを企画する。著者や出版社からの提案を受けるのではなく、自主的に立案することを辻山は大切にした。自分たちで企画を立て続けることからしか、店の核となるものは生まれないと考えたためだ。

二〇一二（平成二四）年には「未来を開く本の力」というシリーズフェアを企画した。初回は「三・一一以後の本と私たち」と題し、さまざまな分野の著名人に東日本大震災後に読んだ本の中から三冊を選んで紹介してもらう企画への協力を依頼すると、小説家、思想家、科学者、漫画家など三十三人の表現者や研究者が応えた。「未来を開く本の力」シリーズはリブロ池袋店が閉店するまでの名物企画になった。

催事場で定期的に開催した漫画家の原画展では、萩尾望都《はぎおもと》、羽海野《うみの》チカ、ちばてつやなどの漫画家の原画を展示し、何万人もの来場客が訪れる大イベントに発展したものもある。機動力と反復力を備えた組織戦でダイナミックに読書人を揺さぶる仕事は充実していた。

にもかかわらず三十代の終わりに辻山が会社員としての書店員生活に区切りをつけようと決心したのは、癌で闘病していた母の旅立ちを見送り、時間には限りがあると実感したことによる。会社に属していれば、いずれ管理職になり現場から遠ざかるのは目に見えている。そして辻山は自分のやりたいことが組織の管理ではなく本を売ることなのだとわかっていた。加えて同じ頃に、リブロ池袋本店の閉店が決まる。この二つの出来事が、独立書店を始める決断へと辻山を押し出した。

閉店の理由は入居する西武百貨店と契約が終了したためと発表されたが、実際は西武百貨店の親会社にまつわる政治的な思惑が影響したとされる。親会社イトーヨーカ堂のトップ鈴木敏文はトーハン出身で、日販傘下のリブロとの契約が難しくなったとも言われているのだ。

閉店に向けて辻山と人文書フロアの企画はさらに熱を帯びていく。「本棚から見る、リブロ池袋本店の四十年」と題した企画では、四十年のリブロの歩みを折々のベストセラーや社会現象とともに振り返った。一九七五（昭和五〇）年から二〇〇六（平成一八）年まで西武百貨店やリブロ池袋本店の中で営業していた詩の本の店「ぽえむ・ぱろうる」を一カ月限定で復活させた。詩人の谷川《たにかわ》俊太郎はゲリラ的に店内で詩を朗読するイベントを行った。さらに、閉店一カ月前からは「四十年間ありがとう！　リブロ池袋本店歴代スタッフが選ぶ、今も心に残るこの一冊」と題した企画を展開し、本店の歴代の書店員やOB百二十人のコメントと選書を集めた。

そして二〇一五（平成二七）年七月、リブロ池袋本店の閉店を見届けて辻山は退職した。

3

リブロ時代から辻山とつき合いのある編集者に会うことができた。講談社に勤める堀沢加奈だ。辻山が池袋本店でカルトグラフィアに力を入れていた頃、堀沢は講談社現代新書編集部にいて、この時期、二人は出会った。

「辻山さんはあまりいないタイプの書店員でした。今はジーンズにセーターなどラフな雰囲気ですけど、あの頃はスーツを着ていらしたような気がします。なんかこう、シュッとした感じでしたよ」

そして「あまりいないタイプの書店員」とはどういうことだったのかを堀沢は話し始めた。

「辻山さんからはよく編集部にメールでご連絡をいただいていました。著者を招いた企画のご提案や、フェアで選書を依頼したいので著者とつないでほしいとのご依頼でした。著者が登壇するトークイベントを企画する書店は珍しくありませんが、辻山さんのように直接編集部にご連絡をくださるという書店との関係はあまりなかったと思います」

堀沢が担当した社会学者小熊英二の『社会を変えるには』では、辻山がトークイベントを企画した。東日本大震災後、社会のパラダイムシフトに向けて自ら考えることを促した同書は、社会学ジャンルでは異例のヒットとなり、二〇一三年の新書大賞を受賞している。

「辻山さんには他にもたくさんのトークイベントを企画していただき、お世話になりました。リブロ池袋本店が閉店するときは、編集部で辻山さんをはじめスタッフの方たちの慰労会をしました。そのときのことはよく覚えています」

半年後の二〇一六（平成二八）年一月、開店初日のTitleを堀沢が訪ねると、お祝いに大勢の人が集まっていて、顔見知りの編集者を何人も見つけることができた。

「辻山さんが独立すると知ったとき、私たちのような編集者や出版社の人間は、意表を突かれたような感じで受け止めたと思います。当時は独立書店がまだ少なかったですし、一体どういう店ができるんだろうと……」

今では、週末にはTitleに立ち寄るのが堀沢のルーティンだという。毎週末と聞いて驚いた私に堀沢は意外そうな顔をした。

「特別なことではないんですよ。だって、ほら、本屋さんって毎日寄りませんか？」

「いえ、毎日は行かないです」

「私は通勤途中で書店をのぞいたり、打ち合わせで都心に出たら、近くの書店に寄ったりして、毎日どこかしら本屋さんに入ります。そんな生活をしているので、家から徒歩圏内にあるTitleには週末、散歩がてら寄るんです」

そして、担当している新刊に直接注文をもらったり、ときには装丁の段階で辻山に意見を聞いて参考にしているというのだが、それも聞いてみればなかなかに手厳しいジャッジなのだった。

「辻山さんは装丁をお見せしただけで、その本がTitleに合うかどうか判断されます。見通す能力に優れていらっしゃるし、Titleに合わないものや関心の持てないものにははっきりとそう言われます」

眼力の一端をTitleのツイッターで見ることができる。ツイートの履歴を遡ると、駅前の書店などではあまり見かけることのない出版社の本を紹介したツイートが次々に現れる。出版社の規模の大小や著者が有名かどうかとは無関係に、辻山の物差しで「勧めたい本」を選んでいる。中には初版は千部あるかどうかという本や自費出版の本もある。ところが、著者が個人で企画して自費出版したあるエッセイは、辻山がツイッターで紹介したところ、すぐに品切れになった。辻山のツイートは、出版社や著者にとって強力な援護射撃となるのだ。

Titleのラインナップは、小さなスケールでの表現の可能性を私たちに教えてくれる。少部数を確実にTitleのように「好み」の合う書店に届けることができれば、売り切ることも不可能ではないのだ。Titleには「本が売れない」という世間の常識とは異なる現象が起きているようだ。

秋になる頃、夏葉社の島田潤一郎が登壇するトークイベントが開かれることを知った。

島田が二〇〇九（平成二一）年に夏葉社を興したとき、取引をしてもらいたいと思った書店を北から南まで車で訪ねたという逸話はよく知られている。ある書店で「ひとり出版社なんかを始めたらあなた、結婚なんてできないよ」と諭され、思いつめた島田は「結婚できなくてもいいんです」と勢いで言ってしまったという。島田はどうしても読んでほしいと願う本だけをつくり、書店員の支持を集めるようになった。私が訪ねた書店では何人もの店主や書店員が島田との関係を楽しそうに話した。島田は企画を立てて本にまとめあげる編集の仕事から、書店にまとまった冊数を届け、同時進行でSNSでこまめに告知を行うといった営業や販売促進の仕事までをひとりで行う。島田のもとから生まれた作品は、応援する書店が現れ、いつの間にかいくつかの書店の「点」が「面」になって口コミが広がっていくという現象が起きるという。

そのトークイベントは、島田が息子との日々を描いたエッセイ『父と子の絆』（アルテスパブリッシング）について、文筆家の平川克美が話を聞く会だった。平川は品川区の荏原町《えばらまち》商店街で隣町《となりまち》珈琲という喫茶店を営んでいて、定期的に表現者を招いたイベントを開催している。そこに島田をゲストに招くという。

東急大井町線と都営浅草線の交差する中延《なかのぶ》駅で降りて、飲食店や食料品店、パチンコ店などの並ぶ通りを数分歩く。隣町珈琲はアーケード街に面した建物の地下一階にあった。

三十人ほどの参加者を前に始まった対談では平川が島田の著書への感想を熱心に語り、島田が半ば聞き役になっていた。終わりがけには平川の友人でコラムニストの小田嶋隆が会場から飛び入り参加した。舌鋒《ぜっぽう》の鋭い二人のベテラン世代が島田を激賞し、島田はにこにこしながら恐縮したように肩をすくめていた。

質疑の時間になり、私は営業先の書店でどんな会話を心がけているのかを質問した。島田の著書からは離れる問いだったが、対論で夏葉社についても相応の時間が割かれていた流れからすれば許される範囲ではないかと思った。すると島田は表情を変えずに答えたのだが、その内容は意外だった。

「なるべく仕事の話はしないようにしています。一生のおつき合いをさせていただきたいと思っているからです。だから、ご家族のこととか体調がどうかとか、そういう話の方が僕には大切に感じられるんです」

出版社の書店営業というと、一般的には自社の出版物の売上を確認し、他社の売れ行き良好書の情報を仕入れ、自社の新刊の取り扱い冊数を交渉するのが主な仕事だろう。ところが、島田は実務の話よりも関係性を耕すことに意識を振り向けているという。思いを込めてつくった本を届けるとき、本を読者に手渡す最後の工程を担う書店の人への向き合いようは、自ずと人間同士の関わりに深まってしまうということなのか。

そして島田を信頼しているという辻山は、どこか本を売ることに楽観的なように見えなくもない。本が売れない時代だと嘆く人たちに対して辻山は「いい本を選んで、手渡すことができる限り、人はまだ本を必要としているよ」と心の中でつぶやいているようにも感じられるときがある。島田のような本づくりをしている人たちがいる間は大丈夫だと辻山は考えているのかもしれないと、島田の言葉を反芻《はんすう》しながら、頭にTitleの静かな空間が浮かんでいた。

4

Titleの一日は午前八時に始まる。

「毎日のほん」と題した紹介文がTitleのウェブサイト上で公開されるのだ。予《あらかじ》め用意したテキストを定刻にアップするようタイマーでセットしておくのだが、このテキストを辻山は毎朝八時に手動でコピー&ペーストしてツイートする。

ツイッターでつぶやくのは紹介の文章のみで、書名が気になった人はリンクをクリックすればTitleのウェブサイトに移動し、タイトルと著者を知ることができるようになっている。クイズのようなこの仕組みは、おしつけがましくなく、読み手を飽きさせない。「毎日のほん」はその日一日しか公開されず、明日にはまた新しい「毎日のほん」が紹介される。過去の履歴を見ることはできない。

紹介する本を前もって選び、文章を書く。それを一年を通して朝八時にツイートする。この「毎日のほん」は一見さりげないようで辻山の仕事への姿勢をもっとも端的に表しているように感じる。「本の紹介」というひと手間を一日も休まず続けることには相応の意思と覚悟が要ると思うのだ。

そう感想を述べたところ、辻山から返ってきたのは「賭けている」という言葉だった。

「『ほぼ毎日のほん』とか『折々のほん』にすれば、一週間に一回とか三日に一回の更新も可能かもしれません。でも、それだと大切なことがぼやけてしまいます。私がやりたいのは、本を紹介して売ることです。そのことがいちばんよく伝わるようにするには、これに賭けているんだということが伝わらなくてはならないと思いました。だから一年三六五日、欠かさないのです」

三六五日欠かさずにアップするために、まず辻山は基本の仕組みを整え、一旦始めたら継続する。具体的には、二週間分の本を前もって選び、テキストを準備するということを繰り返し続けてきた。辻山は「決めてしまえば簡単ですよ」と淡々としているが、これを簡単と感じるか、面倒と感じるかに分かれ道がある。

ウェブショップを始めた動機も根っこは同じだ。ウェブショップの運営は手間がかかるが、粗利は店頭販売する本と変わらない。割の合わない仕事と言えなくもないが、だからやらないのではなく、それでも辻山は細々と始めてみた。

開店の半年後にウェブショップを始めたとき、辻山は四年後にコロナ禍の非常事態が世の中を覆うことなど予想もしていなかっただろう。ところがこの試みがのちにTitleを支えることになる。コロナ禍、日頃からTitleのツイートを見ていた人たちが、Titleのウェブショップで本を買い求める動きが生まれたのだ。

フロアの中央に配置された文庫本棚を端に寄せるとぽっかりとスペースが生まれる。コロナ禍以前は夜、ここで三十人ほどのトークイベントを開いていた。二階のギャラリーでは写真展や作家展を行う。このような仕掛けによって、書店は本を媒介に人が集まる「場所」というメディアになる。

開店からほどないある日、谷川俊太郎がふらりとやってきて、本を買い求めると、赤ワインを一杯飲んで帰った。その後、雑誌の特集で谷川はTitleを「ゆるやかに人をつなぐサロンになっていくだろう」と紹介したが、詩人の予言通りの場所になった。

辻山に『本屋、はじめました』の執筆を依頼した出版社苦楽堂《くらくどう》の石井伸介は二〇〇一（平成一三）年に出版されたノンフィクション『だれが『本』を殺すのか』（プレジデント社）の担当編集者だ。出版業界の売上が下降に転じた直後、ノンフィクション作家の佐野眞一は出版業界を川上の出版社から川下の書店まで横断的に取材し、なぜ本が売れなくなったのかをダイナミックに論じた。ビジネス誌『プレジデント』の編集者だった石井は佐野の連載を担当し、単行本にまとめあげた。その後、石井はプレジデント社を退職して神戸でひとり出版社苦楽堂を興した。そしてリブロを退職する辻山に、本屋を始める詳細を書いてほしいと依頼した。

石井の要望に応えて辻山はリブロ時代の経験、店の場所を探した経緯、大家や取次との契約のやりとりまで記した。本の末尾には辻山がリブロを退職後に作成した事業計画書が添付されていて、それを見ると家賃や光熱費、人件費、年間売上までが公開されている。個人で書店を開こうという人にとって必要な情報は全て入っている。

辻山は『本屋、はじめました』の最終章でこう書いている。

〈ほとんどの会社では、多くの仕事はマニュアル化して、誰にでもできるようなものを目指しているだろう。以前にいた会社でも、その仕事はほかの誰かに振ることができないのかとよく言われたものだが、本を扱う仕事は属人性が高く、個人の経験をみんなが使えるものとするのは難しかった。

だからこそ個人として生きる活路は、誰にでも簡単にはできない技術を高め、世間一般のシステムからは、外に抜け出すことにある。それには自らの本質に根ざした仕事を研ぎ澄ませるしかなく、それを徹底することで、一度消費されて終わりではない、息が長い仕事を続けていけるのだと思う〉

辻山の仕事観が凝縮されたこの文章を、私は繰り返し読んでいる。どの仕事にも通じる真理だと思うからだ。

5

コロナ禍の緊急事態宣言下、アマゾンではなくTitleを選んで本を買う人たちがいた。なぜ、人は本を買うときに「誰から買うか」を大切にするのだろう。

「私がやりたかったのは、本を紹介して売るということ、それだけなんです。本を紹介するという目的が少しでもお客様に伝わるように、毎日、入荷した本をただ黙々と紹介してきました。そこでうちの姿勢を暗に感じ取っていただけたのかなと思います」

考えられるとすればこれまでの姿勢を評価してくださったのではないかと辻山は控えめに振り返った。

「商売として本のいい部分だけかすめ取って吹聴して売るのではなく、根っこのあるものを根っこがあるように渡すような思いで本を手渡してきたつもりです。そこを支持していただけたのかもしれません」

「根っこのあるものを根っこがあるように渡すとはどういうことでしょうか」

「一時的ではないということですね。時に耐えるような本というか、その場限りで一年後には忘れられてしまうようなものではなく、五年十年経っても読むに堪えるような本こそが読む人の滋養になっていくのではないでしょうか。その人が今泣きたいからこの本を読んで泣きました、終わり、というのではなく、その人の性質のある部分を形づくっていくような、そのときには気づかないかもしれないけれどもその人に沁み渡っていく、そういった本が根っこのある本だと思います」

リブロでの十九年の広く深い経験が十五坪という空間でエスプレッソのように抽出された、それがTitleなのだろう。

辻山と妻綾子は店から自転車で十分ほどのマンションに暮らす。最近はTitleの棚と自宅の本棚が似てきた、店に並べている本が自分の身体の延長のような感覚になってきたと辻山は笑った。

「自分と職業が混在している感覚があります。もう本まみれになりたいし、実際にまみれているというか、その中からいろんな方に本を届けることができるし自分の滋養にもなっている。そういう環境に身を置いていられることがすごくありがたいです」

本を紹介する仕事は自分にとって最も齟齬《そご》のない選択だったと辻山は振り返って思う。

「本しか知っているものがないというか……。それなのに、突然銀行員になりました、なぜなら給料がよさそうだからとか、そういうのもちょっとおかしいだろうという気持ちが、就職活動のときにあったと思います。でも、どのような仕事であれ、ある程度習得するまでは時間がかかるし覚えなきゃいけないことはたくさんありますが、覚えてしまえばあとは一定の作業のパターンのようなものになっていくことには特段違いはないのではないでしょうか。ではその先に何があるのかといったら、あとは人間性しかないんですよね。ある一人の人間性がある仕事を得てどのように花開いていくかという意味では、私の場合、本が自分を生かしてくれました。本を商うことでより自分を解放していろんな仕事をさせてもらっています」

だが、大書店で書店員として働くことと、書店を経営することには同じ業種でも比べようのない根本的な違いがあるようにも思える。辻山が書店主に向いているのは、もしかすると、一人でいることを好む質《たち》だからなのではないか。それは、例えば来店客と接する辻山を見ていても思うことだ。辻山は一言二言、言葉を交わすことはあっても、来店客と雑談をしている様子はなかった。その代わり、誰かに本を贈りたいといった本に関する相談には熱心に応じていた。こと本に関わることには言葉を惜しまないが、それ以外のことについては、例えば本を通して人間関係を耕すといったことにはあまり興味のない人なのではないかと思った。辻山にとって本はあくまでも純粋に味わうべき対象であり、紹介するべきものだ。本を何か別の目的のための手段にすることは考えられないのだろう。

こう考えてきて、ひとつの疑問が湧いた。

辻山は「Titleを応援したいと思ってくれた人たちがウェブショップで購入してくれた」と言う。そして、応援という言葉には、緊急時にTitleの経営を案じる同情票が集まった、そんなニュアンスが含まれる。

だが、応援というよりも、むしろ、誰もが経験したことのない非常時に他のどの店でもなくTitleから本を買いたいという心の動きが、買う側の方に生じたのではないだろうか。Titleに本を注文し、Titleから本が届く。その行為を客の方が必要としていたのではなかったか。辻山の言葉を聞きながら私は思った。

辻山が毎朝送り出す端正な百四十字の紹介文には、読む人の心を整える作用がある。そして本を読む人たちが、日頃から自分の心を整える助けとなっている店から本を買いたいと願う、それは、考えてみれば当然の思いだろう。

得意なものはと聞かれれば、本を紹介することだと答える。同じことを繰り返して研ぎ澄ましていく自身の本を売る仕事を職人のようなものだと辻山は言う。その辻山にはどこかゆったりとした前向きさが感じられる。それは、人を支えるという本の力を知っているからなのだろう。本を紹介することに賭ける辻山の静かな明るさは、本を求める人を励ましてもいる。

六章

本屋を植える

高久書店

静岡県掛川市掛川642-1

1

ガラスサッシの引き戸を開けるとズラリと並んだ赤い背表紙が迎え撃った。通称赤本、正式には大学入試シリーズ。受験専門出版社の教学社が一九五四（昭和二九）年から出版している大学学部別の過去問題集で、大学受験に際してこの本を一度も手に取らない人はいないと言っていいくらいの定番だ。赤本の周囲には各科目の参考書や問題集がぎっしりと棚を埋め、一角を占領している。

高校生を意識した棚が突出しているのにはわけがある。近所に静岡県立掛川西高校があるのだ。

掛川市は静岡市と浜松市の間に挟まれた人口十一万人ほどの町だ。静岡県全体の人口は約三百六十万人で、そのうち、中学卒業者、つまり十五歳年齢の人口は三万五千人ほどだ。人口の約一パーセントにあたる彼らの進学先となる高校は、公立と私立を合わせて県内に百十三校、そのうち十三校が進学校に位置づけられている。そして掛川西高校は、一学年三百二十人の三分の一以上が国公立大学に進む、進学校だ。静岡県では二〇〇八（平成二〇）年度から学区制を廃止しており、掛川西高校の生徒は掛川市内はもとより、市外からもバスや電車で通学している。そして高久書店は、ＪＲ掛川駅から歩いて十分ほどの通学路沿いにある。青いテント屋根と小さな間口は昭和の駄菓子屋を思わせた。

店内を見渡すと、壁面はもちろん、中央部にも三列ほど棚がある。棚と棚の間は、人が一人立つといっぱいになるくらいの間隔だ。誰かが立っていたら、その奥の棚に行くには一旦後戻りして、隣の棚と棚の間をぐるりと回らなくてはならない。

「九坪なんですよ。狭いでしょう？」

そう言いながらもどこか誇らしげだ。狭いながら、高木久直《ひさなお》にとって自分の本屋なのだ。

高木の前職は静岡県内外でチェーン展開する書店のエリアマネージャーだった。二〇一九（令和元）年秋に退職し、四十八歳で高久書店を開業した。

「書店業界が厳しいのはいちばんわかっていますよ。経営者といえば聞こえはいいですが、会社員だった頃に比べれば給料も下がります。でも、やろうと思ったんですよね」

高木は、本屋バカなんです、と笑った。

それは三泊をかけて山陰から中国山地を巡り、書店を訪ねる取材に出かけたときのことだった。書店員の聖地と呼ばれたという定有堂書店（二章）を鳥取市に訪ね、翌朝、伯備線で中国山地を分け入って岡山県と広島県の県境にある東城町に向かった。すでに触れたように東城町は高齢化率が四十パーセントを超える過疎の町だが、本屋が地域の人たちの集まるハブのような場所となっている景色に圧倒された（三章）。真冬でも常緑樹に覆われた豊かな自然の中で三日間を過ごし、最終日の遅い午後、ウィー東城店の佐藤友則の運転で最寄りの新幹線駅まで送ってもらっていた。最寄りと言っても小一時間はかかる福山駅を目指して車を走らせながら、佐藤が何気なく言った。

「そういえば、静岡県で本屋のない地域に本を届ける活動をしている人がいます。その人が来月、書店を始めるんですよ」

佐藤はまだ面識はないと言うが、その口ぶりからは会わずとも思いが響き合うように感じていることが伝わってきた。

佐藤とスタッフの交わりを間近で眺めた三日間で、佐藤がウィー東城店のスタッフに対し、自ら考え、判断し、行動するのを見守る方針の経営者であることがわかっていた。佐藤は誰に対しても「こうした方がいい」とか「こうするべき」といった助言はしない。「僕はこう思います」とあくまで自分の考えはこうだと示すにとどめ、「あなたはどう思う?」と、相手が自分で考える余白をとるのが佐藤のやり方のようだった。静岡の書店について私に話したときの佐藤もそうだった。

「掛川の高木さんには同類の匂いを感じるんですよ」

佐藤は言外に私に掛川に行くことを勧めているようだった。書店を営むとは一体どういうことなのか、手探りで取材を始めたばかりの私に考えるヒントを与えようとしている。それは佐藤の厚意のように思えた。

しかし、広島から帰京した直後、世の中はコロナ禍に飲み込まれ、目に見えない恐怖に支配される日々が始まった。日常生活では外出が制限され、百貨店から個人経営の店まで規模を問わず流通業は苦戦を強いられることになった。そんな困難な状況の中、掛川の書店が予定通り二月初旬に開業したことを、私は店主高木が開業準備中から始めていたブログで知った。その後も春から夏にかけて全国でコロナウイルスの感染者が急増し、中でも東京の感染者数は桁違いに増えたため、都内から足を運ぶことははばかられた。そしてコロナ禍の間隙《かんげき》を縫って掛川を訪ねたのは、感染者数が一旦鎮火に向かった十月のある日だった。

品川駅で新幹線こだま号に乗り、一時間半ほどで掛川駅に到着した。駅を出ると西側の正面の小高い丘に掛川城が見えた。申し分のない秋晴れに城の松が青々としている。

安土桃山時代に戦国武将山内一豊が掛川城を構え、江戸時代には宿場町として栄えた。昭和期には大きな工業団地がつくられるなど企業誘致が行われた時期もあるが、令和の現在、いちばんの産業は農業だという。お茶の生産量は鹿児島県とトップを争う静岡県で、掛川は県内有数の生産地だ。

一八五四（安政元）年の安政東海地震により天守閣はほとんど倒壊する被害に遭ったが、幾度かの再建や改修を重ね、直近では二〇〇九（平成二一）年に大改修が行われている。駅から城のふもとまでは一直線に引かれた道を歩いて十分足らず。その道と交差する通りには、お城を担ぐように古くからの商店街が続いている。清潔な通りには栄えた頃の名残があるものの、現在は歩を進めるごとにシャッターを下ろした店舗を数えなくてはならない。

高久書店は、掛川城へ続く通りと平行に南に向かって延びる片道一車線のバス通り沿いにあった。高久書店から歩いて二、三分のところに掛川西高校という位置関係だ。近くには二宮尊徳の教えを伝える大日本報徳社。二宮は江戸時代後期の農政家にして思想家で、生涯を通して飢饉《ききん》に喘《あえ》ぐ多くの農村や地域を復興させたことで知られる。二宮の教えを受けた掛川出身の門人が、故郷に戻って尊徳の教えを伝える結社をつくったという。門人は農業復興にも注力し、掛川では日本で初めて信用金庫ができたと伝えられている。

高木とは高久書店の開業直後に電話で挨拶をして以来、何度かメールでやりとりしていたが、会うのは初めてだった。きれいに剃りあげた頭髪、鋭さとあたたかさの入り交じる真っ直ぐな視線、贅肉のない引き締まった身体つきからは心身の高い充電具合が見て取れた。本を売ることへの決意と誇りが全身から放出しているようだった。

だが、それにしても、という思いで私は高木を眺めた。高木には九歳と六歳の子どもがいる。下の子が独り立ちするまであと十五年はかかる。それなのに、収入が下がるとわかっていながら高木は書店勤めを辞めて自分で本屋を開業した。そうまでして書店を始めようという思いはどこからきているのか。

高木に促され、売り場の奥のレジ横で靴を脱いで一段高くなっている居室空間に上がった。建物は一九二七（昭和二）年に建てられた一軒家で、過去にパン屋、生花店などのいくつかの小商いを経て、平成末期から空き物件となっていた。それを高木が借り受け、書店としてリフォームした。

丸いテーブル越しに開店に至るいきさつを高木が語るのを聞いているうちに、高木の話し方にはひとつの特徴があることに気づいた。私が質問をする。それに高木が応える。その際に、発語までに少しだけ考える時間を取ることはあっても、言い直したり、話しながら途中で話の内容を方向転換することはない。話し始めるときにはすでに頭の中で冒頭から文末までが組み立てられている、そんな整然とした話し方に、高木の略歴を思い出した。高木は大学卒業後に中学校で社会科の教師をしていた時期があったと自身のブログに記していたはずだ。高木の整理された話しぶりは、教壇に立っていた頃の姿を想像させた。

「二階を見てみませんか」

開店から半年間の経緯をひと通り話し終えた高木に勧められて、壁の脇に据えつけられた傾斜の急な階段を上がった。用心しながら上りきると天井裏の小部屋が開けた。梁《はり》がむき出しになった屋根裏部屋は、身長一六三センチの私が背中を伸ばして立てるぎりぎりの高さだ。車座なら五人ぐらいは座れるだろうか。窓際には小机と座布団が四つ、等間隔で並べられている。窓の向こうに寺の石像が見える。

「誰でもここにきて好きに過ごしてもらえるんですよ。学校の帰りに勉強していく子、けっこういるんです」

遅い午後の陽が小机の上に差し込んでいる。

高校生にとって、大人の視線を感じずに放っておかれる空間は貴重だろう。しかも、本のある場所には人を学びに向かわせる気配がある。

階下に戻ると、詰襟の男子高校生が予約していた漫画を受け取りに来ていた。

「今日は部活、休みなんだよね？」

「そうなんです。明日、体育祭なんで」

「これまで準備、頑張ったもんね」

よく日に焼けた長身の高校生が買い求めた漫画は、部活と勉強で忙しい彼にとって大切なリフレッシュなのかもしれない。口数の少ない彼が背中に担いだ大きなスポーツバッグから財布を取り出して会計をすると、丁寧な仕草でコミックをバッグにしまった。ありがとう、明日、頑張ってねという言葉とともに高木が彼を送り出した。

放課後の時間帯、制服姿の高校生が入れ代わり立ち代わり訪れ、九坪の店内は、日中とは様子の異なる活気に包まれた。

入り口の赤本コーナーでは女子生徒が二人、参考書を手に取って思案している。

そこへ高木のケータイが鳴った。電話に出た高木がやや首を傾《かし》げて相手の用件に耳を傾けている。

「うーん、雑誌の直前予約注文って普通は難しいんだよね。ああ、そうなの、アマゾンにもないいんですか。じゃあ、一応聞いてみて、折り返し連絡しますから、少し待っててくれますか」

電話を切った高木が、私を振り返って苦笑いした。

「今の電話は、隣町の私立高校に通ってるお客さんからです。好きなアイドルが表紙に出る今度の号がどの本屋でも予約できないらしく、どうしても手に入れたいっていう相談でした」

こう言うと、高木はあるファッション誌の名前を挙げた。著名なアイドルや俳優を表紙に起用することの多いその雑誌は、表紙に登場したタレントによっては売上部数が急激に伸びると聞いたことがある。

「彼女にも説明したんですが、普通、取次は直前の雑誌の注文は受けてくれないんですよ」

そうは言ったものの、高木はすぐに取次に電話をかけ始めた。そして、短い交渉ののちに三冊を確保してしまった。

「やっぱりね、こういうお客さんの要望には応えたいじゃないですか。きっと他のお客さんからも問い合わせがあると思うんで、多めに入手できてよかったですよ」

取次とここぞというときに無理な頼みを聞き入れてもらえる関係を日頃からつくっておくのも書店主の腕ということなのか。高木が誇らしげに上半身をやや反らした。

2

約束の午後一時に店を訪ね、奥の部屋で高木に話を聞いていると、ガラガラと引き戸を開けて来店客がある。そのたびに「いらっしゃい」と高木が声をかける。応対に出る高木の背中越しに店内を眺めれば、やってくる人たちは年恰好《としかっこう》も探す本もさまざまだった。

小さな男の子は保育園の帰りらしく、母親に連れられて絵本を見に訪れた。小学校低学年とおぼしき少年は、姉の誕生日に贈る本を父親と一緒に選びにきた。姉の喜びそうな物語を父親と相談しながら選ぶと、誕生日プレゼントであることを父親が説明し、高木がプレゼント用の特別な包装をして手渡した。初老の男性客は新刊の人文書を購入し、「こないだの、あの本さあ」と、前回求めた本についてひとしきり感想を語っていった。

高木の定位置であるレジに立って右へと目を転じると新刊書のコーナーに小説、芸能人のエッセイ、料理家の著書など話題の本が並ぶ。窓際には定番の雑誌コーナーがあり、壁際に小さい子ども向けの絵本コーナー。健康・医療、生活関連などの棚も見える。奥の文庫本コーナーに向き合うようにコミックの棚。その左手には「迷ったら、中高生はコレ!」というサインとともに文庫サイズの国内外の古典文学や現代小説が並ぶ。高校生を意識した棚づくりでありながら、幅広い年代も対象にしている書店だ。

掛川駅前の商店街から書店が消えて数年になるが、市内に書店がないわけではない。ネットで検索すると、郊外の住宅地には売り場面積の広いチェーン書店が何店か見つかった。掛川は他の地方の町と同様に、一人一台、最低でも一家に一台は自家用車を所有するのが当たり前の地域だ。車で郊外の大きな書店に行けば、ほしい本を手っ取り早く探すことができるのではないかと思う。

ところが、わずか九坪の書店が賑わっている。これは正直なところ、意外な風景だった。

「うちは小さな本屋ですが、総合書店でありたいと考えています。小さな子どものための本もあれば、ご年配の方のための健康や料理の本もあるし、小説や文芸、人文書、思想書も置いていています。最近の新しい独立書店には文芸や芸術、カルチャーに特化したセレクトショップのような本屋がありますね。私がやりたいのはそういう書店ではありません。この町の人たちにしっかりと本を届ける場所をつくりたいんです」

高木は開業まもない頃に高齢の来店客から聞いた言葉が心に残っていた。この地域に長く暮らしているというその人は、駅前商店街の本屋が数年前に店を畳むまでは足繁く本屋に通っていた。だが、その本屋が店じまいをしてからは本を読まなくなってしまっていたという。

「商店街に本屋があった頃は、散歩のついでに立ち寄って、雑誌を立ち読みしたり、新しく出た小説を手に取ってみたりして本に触れるひとときが生活の中にあったわけです。その場所がなくなり、地域の高齢者が本を読めなくなってしまう。単に消費行動の話にとどまらない、精神の充足に関わる問題だと思いました。それって、地域住民の生活の質を左右する事柄だと思いませんか。この場所で開業を決めたときは掛川西高の生徒さんたちを意識していましたが、本屋は年代を問わず、地域の人たちとつながることのできる場所でなくてはならないと考えさせられました」

中には、足が不自由なため高久書店まで歩いて来るのが難しいが、かといってスマホやパソコンを操作することができず、アマゾンに本を注文することもままならない人がいた。そのうちに、そんなシニアから「本当は家まで本を届けてほしい」という声が聞こえてきた。そこで高木は宅配サービスを始めることにした。ケータイのショートメールで本の注文を受け、入荷があり次第、高木が自宅に届けるのだ。

ただし、集金の手間が生じるのが難点だった。アマゾンの場合はオンライン決済ができるうえにコロナ禍により不在時の置き配も可能になったが、高木は配達時に集金までしなくてはならない。先方の不在時にも本はポストに投函できるが集金のために再訪する手間が増えてしまう。そこで高木は図書カードを使うことにした。

こういうことですよ、と高木が小さなノートをレジ脇から取り出した。

「これはあるお客様の注文記録です。前もって一万円の図書カードを購入していただき、私に預けていただきます。私はお預かりした図書カードをこのノートと一緒に管理します。お客様がケータイのショートメールで本の注文を送ってくださったら、私は図書カードからお代をいただき、売上をノートに記録して商品をご自宅のポストに投函するわけです」

シニアが新聞や雑誌の書評で見つけた本の書名と著者名を、高木にショートメールで送る。注文を受けた高木は在庫があれば翌日に配達し、在庫がない場合は取次、あるいは版元に注文する。日中の業務時間を確保するため、開店前の朝九時台を配達の時間に充てる。配達を希望する顧客のリストは半年で数十人分になった。他にもメッセンジャーやツイッターのダイレクトメッセージなど、さまざまなSNSで注文を受けている。注文は売上の三割に迫る。

「アマゾンのせいで書店は打撃を受けているって言いますけどね、本屋の商売は客注イノチですよ」

一冊たりとも売るチャンスをおろそかにしない、そんな高木の負けん気がのぞいた。個人経営の書店にも戦いようはあるということなのか。仮にそうだとして、高木はどんな秘策を持っているのだろう。

言わずもがなですが、と高木がまず挙げたのは、選書方法だった。高木は取次会社が見繕って書店に本を届ける見計らい配本を受けず、自ら選書していた。

「一人で運営するうちのような規模の書店なら見計らい配本は適しません」

高木は断言した。ああ、そういえばあの人もそうだったと、私はブックスキューブリックの大井実（四章）とTitleの辻山良雄（五章）の顔を思い浮かべた。

そこには資金繰りの兼ね合いが関わっていた。

「取次会社と書店との間では本の取引は買取ではなく委託販売です。ですが、取次会社から書店に見計らい配本で送られてくると、一旦は両者の間に売上が立ってしまいます。もちろん、書店は返品することができますよ。でも、見計らい配本で送られてきた本についてはひとまず本の代金を支払わなくてはなりません。その後、取次会社に返品すれば、返品した分のお金は返金されますが、うちに合っていない本が送られてきてその代金を一時的にとはいえ払っていては、資金はショートしてしまいます。そうならないように急いで返品するんですが、その作業に手を取られてしまいますし、資金管理上で見ると、返品から返金までに一定の日数がかかるしわ寄せを書店がかぶることになるのも納得のいく話ではありません。返品にかかる運送コストはＳＤＧｓの観点から見ても無駄の大きな話です」

というわけで、高木は九坪の店内にひしめく七千冊を全て自分で選んでいる。だが、返品を巡っては取次との攻防が悩ましいという。

「売れなかった本は返品するにしても、最近はあらかじめ定められた返品数を超えると取次が書店にペナルティを科すなどという動きもあるんです」

選書に取次会社の支配が及べば書店の活気に差し障りが生じる可能性があると、高木は危惧した。

「これは書店側にとってはなかなか悩ましい問題です。ペナルティが足かせになれば、書店は売れると確信の持てる本だけを並べようというふうになりかねません。でも、書店が大胆な選書を控えて確実に売れる本だけを置くようになれば、たちまち棚はつまらなくなります。それは、書店を訪れるお客様の足を止めてしまうことにつながるんですよ」

そうは言うものの、高木の選書には独自のコツがあるという。

「逆さまな話に聞こえるかもしれませんが、地域の人たちの読書傾向に寄り添いすぎないことなんですよ」

顧客の好みに合わせていては客が来なくなる――。なぞなぞのような話ではないか。

高木は話を進めた。

「うちの場合、お客様の顔が浮かぶ本だけではなく、すぐに売れなくてもいい、お客様に読んでほしいと思って選んだ本が一定量あります。例えば、人文書です。特に思想や哲学でしょうか。私というフィルターを通して選んだ本を棚に織り交ぜておくんです。棚を眺めていたお客様が、存在に気づいてふと手を伸ばす、それは素晴らしい出会いだと思うんです」

敢えて来店客がすぐには飛びつかないような本も入れているが、それでも返品量は週に一、二箱程度。この規模の書店としては健全な範囲だという。

「開業して半年、毎日お客様をお迎えしていると、この地域の方たちの読書傾向はおおよそわかってくるものです。本を仕入れるときに、この本を入れたらあのお客様が買ってくださるだろうなというふうにお客様の顔が何人も浮かびます。傾向の把握は大事なのですが、合わせすぎるとつまらない本屋になってしまうんです。結局はお客様を呼べなくなるんですよ」

そして、直取引にしか応じない、独自路線をとる版元の人文書がよく売れているのだと、高木はミシマ社を例に挙げた。編集者の三島邦弘が二つの出版社を経て独立し、二〇〇六（平成一八）年につくった出版社だ。創業当時から取次を経由せず、書店に直接卸す直取引を取引条件としたことをはじめ、二〇二〇（令和二）年には少し高めの値段設定で刷り部数を少なめにし、書店の買切にする代わりに卸値を定価の六割に設定した新しいレーベルを始めるなど、出版業界の商慣習に新しい風を吹き込んでいる。

「ミシマ社はいい本をたくさんつくっていますが、直取引しか応じないため、大きな書店でも扱っていないことがあります。大きな書店は取次の見計らい配本を使っているところがほとんどですからね。直取引の出版社の本を扱うとなれば、事務作業が煩雑になるのは作業効率が悪いから敬遠する傾向があるんです」

そして高久書店は開店当初からミシマ社と直取引をしている。

「現に、こないだミシマ社から出た本、郊外の大きな書店になかったんだけどって、お客様からの問い合わせが何件もあったんですよ」

それは発売されたばかりの『日本習合論』（内田樹）だった。目立つ場所に表紙が見えるように積み上げてある。すでに五冊売れたという。

直取引を始めるにあたり、ミシマ社との口座開設の手続きはごくスムーズだった。同様に、取次を通さない直取引を先進的に始めた出版社として知られるトランスビューとも口座を開設したという。大手書店が扱わない版元の本を取り揃えることで、書店の独自性も打ち出せるというわけだ。

改めて目を凝《こ》らせば、『橙《だいだい》書店《しょてん》にて』（田尻久子、晶文社）、『本屋がなくなったら、困るじゃないか　11時間ぐびぐび会議』（ブックオカ編、西日本新聞社）など、書店にまつわる本のコーナーがある。『BOOK ARTS AND CRAFTS』（一般社団法人本づくり協会）という本づくりについて伝える会報誌まである。ここ数年、書店員による書評集や書店主が書店業の日々の営みについて記したエッセイなどが、ひとつのジャンルを形成していると聞く。本が好きであるだけにとどまらず、本屋が好きだという人たちは実は少なくないらしい。だが、とはいっても、橙書店のある熊本も、ブックオカが開催される福岡も、掛川からは遠い九州だ。この類の本を好む読者がどれくらい掛川にいるだろう。

だがしかし、このような一見突飛に見えるコーナーもまた高木の計算によってつくられているというのだ。そして、九坪の空間に収められる冊数には限界がある。多くの読者が見込めるとは言いがたいジャンルまで織り交ぜながら、小さな総合書店として成り立たせられるコツを聞かなくてはならない。

「それは、あきらめるということかもしれません。あれもこれもと選んでいくとキリがないので、置きたい本はたくさんありますが、ある程度はあきらめる、捨てるということでしょうか」

選び抜くということはあきらめることでもあるらしい。

3

高木についてウィー東城店の佐藤友則がことさら熱を込めて語ったのは、児童書の移動販売の活動だった。それには佐藤の悔しさが関わっている。東城町は二〇〇五（平成一七）年に隣接する庄原市と合併し、現在は庄原市東城町となったが、それまでは広島県内の六十七町六村の中で最も面積が広い基礎自治体だった。ウィー東城店のある川東地区はかつて城下町のあった中心部で、行政の出先機関や地域全体を管轄する大きな郵便局など公共機能が集まっている。小ぶりな複合商業施設やコンビニ、家電店もある。だが、中心部から離れた集落に独居する老人は少なくない。佐藤は買い物が困難になりかねない独居老人のために、食料品を積んだ車を走らせる移動販売ができないかと真剣に検討した時期があった。もちろん、車には書籍や雑誌も載せていく計画だった。だが、さまざまな要因が重なり、実現できなかった。

佐藤が高木に共振している背景にはこうした経緯もあるようだった。しかも、屋号がふるっている。「走る本屋さん」なのだ。高久書店の入り口頭上に掲げられた青テントには「走る本屋さん　高久書店」と記されている。

「残念ながら、今は走らせることができていません」

走る本屋さんについて尋ねると、高木の表情はわずかに曇った。

「車は裏の駐車場に停めています。またいつか再開できるといいのですが」

私たちはコロナ禍のただなかにいるのだから、それも無理はない。

「どういうわけで走る本屋さんの活動を始めることになったんですか」

「それはね、読み聞かせのボランティアに参加したのがきっかけなんですよ」

数年前の思いがけない再会が、高木を動かしたのだという。


その頃、高木は読み聞かせボランティアに参加するようになっていた。伊豆地方の西伊豆町の公民館で開かれた読み聞かせの会に行ったときのことだ。高木は未就学児たちに『はらぺこあおむし』（偕成社）を読んだ。カラフルな色使いのコラージュと大胆な構図や、子どもの指の入るサイズの穴の開いた仕掛け、意表を突く物語の展開が特徴のこの絵本は、アメリカ人の絵本作家、エリック・カールの代表作だ。同作は一九六九（昭和四四）年にアメリカで出版されると七十の国で翻訳された。日本語版は一九七六（昭和五一）年の初版以来二百刷を超えている、書店の児童書コーナーでは定番中の定番だ。

終了後、高木は一人の母親から、「先生、わたしのこと覚えてる？」と声をかけられた。女性は二十年近く前、高木がこの地域の中学校に社会科講師として勤めていた頃の教え子だった。ひとしきり再会を喜んだあと、教え子は言った。

「先生が読み聞かせた本を子どもが気に入ったから買いたいんだけど、どうやって買えるか教えてくれる？」

「こんな有名な本、どこにでも売ってるから本屋に行ったらいいよ」

「……」

「そんなこと言ったって、この辺りに本屋はないよ」

「買えるんだったら、わたしだって本屋で買いたいよ。そんなこと言うんだったら本屋をつくってよ」

「……」

教え子の言う通り、西伊豆町に本屋はない。町からいちばん近い書店までは二つの市をまたいで車で一時間ほど走らなければならない。

よかれと思って訪れたはずの読み聞かせボランティアが、買いたくても買えない人たちに本を見せびらかす行為になりかけてもいるのではないか。このことに気づかされ、高木は自己嫌悪に陥った。

子どもたちが本に触れることのできる本屋がないのは西伊豆町に限った話ではなかった。高木が調べたところ、静岡県内の約四十地域のうち書店のない地域は七カ所あった。全国で見ると、無書店地域は都道府県平均で二十四パーセントに上る（二〇一七年・トーハン調査）。前後して二〇一四（平成二六）年には元総務相の増田寛也が著書『地方消滅』（中公新書）で、日本では二〇四〇年には八九六もの自治体が消滅すると予測している。人口減と高齢化が進む地方の町で書店が淘汰《とうた》されるのは抗えない流れでもある。

悶々と過ごしていたあるとき、高木の頭に東日本大震災後、遠方から物資を運んでいたトラックの列が浮かんだ。そこから移動本屋のアイデアが閃《ひらめ》いた。

この閃きの後ろには、もうひとつ、高木の少年期の本屋にまつわる思い出が交差している。

高木は伊豆半島の南西部に位置する松崎町で育った。両親が共働きだったため、長い休みには祖母と過ごした。そして祖母に連れられてしょっちゅう通ったのが、松崎町で敗戦直後に創業したまりや書店だ。

まりや書店には、年代を問わず本を求める人たちが集まってきていた。そこではお行儀の悪さを注意されることはあっても、立ち読みをしていたり床に座り込んで読んだりしていて追い出されることはなく、本を仲立ちに大人と子どもが年代を超えておしゃべりをする自由な雰囲気が満ちていた。地域の子どもたちはここで学習漫画や学年誌に出会い、知の冒険の扉を開いた。

生きる方角が定まらず悩む、それが十代だとすれば、その苦しい時期を私たちは誰もが通過しなくてはならない。高木は高二のとき、人生に悩み、自殺さえ頭によぎったことがあった。悩みの渦中にあったある日、まりや書店で高木は手塚治虫の『火の鳥』を手に取った。時空を超えて存在する超生命体・火の鳥と人間の関わりを描きながら、生と死、輪廻転生といった哲学的なテーマを掘り下げた物語だ。スケールの大きなこの長編を読みながら、生きるとはどういうことなのか、高木は生命の根源を考えた。そして全十四巻を読み通す頃には、長く苦しい思考のトンネルから抜け出ることができていた。

一九九四（平成六）年に大学を卒業すると高木は静岡県の公立中学校で社会科の非常勤講師として教壇に立った。本採用を目指したが、当時、教員の正規採用試験は五人の採用枠に二百人が受験する難関で、足踏みが続いた。非常勤講師として年数が重なる高木を置いてきぼりに、同級生は次々に結婚や転勤など人生のコマを進めていく。

そんなとき、たまたま受けた書店の採用面接に合格した。その書店は静岡市に本店を構えてチェーン展開をしている書店のフランチャイズ運営会社だった。最初の一年半で二つの店に勤め、二十九歳で掛川の隣の市の店に異動する際に店長に抜擢《ばってき》された。百五十坪の店を任されたものの、赴任して三カ月経つと人員が削減され、社員は高木ひとりになった。

早朝にアルバイト社員のシフトを組むと人件費がかさむため、残業代のつかない高木が朝七時半に早出して商品の開梱作業をした。午後十時に閉店してから決算書の書き方や損益貸借表の見方など、経理と財務を中心とした経営実務の実用書を読み込んだ。必要に迫られて経営を独学したこの時期に高木がつくった店舗管理表は、フランチャイズ店だけでなく本部が運営する全店で採用された。

入社四年目には店舗運営の実績が評価され、静岡市にある本部直営の本店リニューアルメンバーとして逆出向した。大抜擢のこの人事で文芸書の責任者として勤務し、一年を終えると掛川市に開店した新店舗の店長をかけもちすることになった。さらに本部の直営店を含む地域のエリアマネージャーを兼任し、所属する会社と本部の両方から給料が支払われた。

しかし高木は本部の経営者の経営方針を支持できなかった。経営者は二〇〇〇年代になると県外への出店とフランチャイズ展開を強化して拡大路線へと突き進み、異議を唱えた高木の立場は微妙なものになっていく。

「愚直」という言葉がぴったりの高木のことだ。直言を厭《いと》わなかっただろうし、そこには経営者にとって耳の痛い指摘も含まれていただろう。最後の四年間は本部の社長と会うことがかなわなかったと話したとき、高木は少し苦しげな表情を浮かべた。会社員としての最後は必ずしも納得いくものではなかったようだ。

フラストレーションを発散するかのように、高木は休日になると子ども向けの読み聞かせボランティアの会に加わった。そして、読み聞かせに出向いた町での教え子とのほろ苦い再会が、「走る本屋さん」の活動へ高木を駆り立てることになる。

活動の原点は何かと問われれば、まりや書店で出会った本に、人生の苦しいある時期を支えられた体験だと高木は答える。本屋に支えられ、救われたという思いが高木にはある。まりや書店がなかったら今自分は生きていないかもしれないと思うと、本屋のない地域で暮らしている子どもたちに対してすまない、どの子どもたちにも、自由に本に出会うことのできる場所があってほしい、という思いが強くなる。

四十七歳の高木は会社を辞めて移動本屋を始めることを決心した。しかし、提出した退職願は保留扱いとなり、代わりに、休日に個人で移動本屋の活動をすることは許可された。そこで高木は貯金から五十万円を取り崩し、約四百冊の児童書や絵本を仕入れた。高木個人との取引に、児童書卸専門の子どもの文化普及協会と、中堅取次会社の八木書店が快く応じた。

子どもの文化普及協会は出版業界の独自の商慣習から離れて、本を売りたいという人に手軽に児童書や絵本を卸すことを目的につくられた株式会社だ。作家の落合恵子が、自身の経営する児童書専門店クレヨンハウスの関連会社として設立した。取引開始に際して保証金は不要、買切が基本条件となるが、雑貨店、生花店、クリニックなど、書店とは異なる業態でも本を取り扱うことができる。八木書店は昭和初期に神田で古書店として出発した取次会社だ。大手取次会社は新設の独立書店に対する取引開始条件が厳しいと言われるが、比して八木書店は小さな独立書店との取引に好意的なことで知られる。

中古のエブリイワゴンを三十万円で購入し、紺色の車体に白いペンキで「走る本屋さん」と大きく染め抜いた。週末になると本を積んだエブリイワゴンを運転して無書店地域を回った。実際に地域へ出かけると、子どもたちが群がるように本に手を伸ばした。そのうちに若い親たちが高木の来訪を喜んで迎えるようになった。

訪ねた無書店地域の中には、百二十世帯のうち半数が空き家で一年に赤ちゃんが一人も生まれなかったという地区もあった。地域の老人たちは本屋が近所にあれば本当は本が買いたいのだと口々に話した。

高木は考えた。放置された空き物件を自治体がサポートして無償で貸し出せば、本屋をつくることはできるだろう。本屋に限らず、何かを自分で始めたい若い人たちが移住するきっかけにもなるだろう。無書店地域に本屋をつくるのは不可能ではない、やりようはあると思った高木は、行政と連携して無書店地域に空き物件を活用した本屋をつくるアイデアをあため始めた。このアイデアを「本屋を植える仕事」と高木は名づけた。

そして「走る本屋さん」の活動を始めて三年が経つ頃、二〇一九（令和元）年秋、退職届が正式に受理され、高木は退職する。翌二〇二〇（令和二）年二月に開業した高久書店は、本屋を植えるひとつめの仕事だったのだ。

4

ただでさえ書店を成り立たせるのは難しいとされる時代に、無書店地域に本屋を植える――。ロマンはあるが、見通しの立たない話でもある。掛川に植えた高久書店にしても誰もが手放しで賛成できる条件ではない。

私の腑《ふ》に落ちない思いを見透かしたかのように、高木が話し始めた。

「出版社の人も取次の人も、この業界は終わっているんじゃないかと思っている人が多い。私はね、本屋という商売はもう終わった、と思っている人たちを見返したいんですよ」

高木は静かだが、きっぱりとこう言った。

「本屋は終わってはいないと私は思っています。終わっていないというのは、しっかりと本を売って生活ができるということですよ。書店の後輩たちや本屋をやりたいという後進に対して、本屋が個人の事業として成り立つことを身を以て証明したいと僕は思った」

「そのための戦術は？」

「それは、いかにランニングコストをかけないかということですよ」

高木は上半身をわずかに乗り出した。

「うちを見てもらえればわかるけど、従業員はいません。移動本屋に出るときは、普段は家にいる妻が店番をします。うちの家賃、いくらだと思いますか」

家賃は駐車場代込みで私が想像した額の実に半分だった。シャッターを下ろした店舗が増えているとはいえ、新幹線の止まる駅から徒歩圏内にあり、地域一の進学校からほど近い路面店としては破格だった。一九二七（昭和二）年に建てられたこの物件を所有者はもう賃貸にするつもりはなかったが、この地域に書店を開きたいという高木の主旨に共振したのだという。

重要な戦術のひとつとして高木が力説したのはＳＮＳの活用だった。それには書店員時代の成功体験が関わっている。二十代で店長を任された際、Ｂ４の紙を二つ折りにした四ページ立てのミニコミ誌「書店通信」を毎月発行していた。イベントやフェアの告知と、高木が自ら書いた新刊本や話題書に関する書評を掲載し、書店情報の伝達に努めた。フェイスブックやツイッターが普及してからは、SNSがミニコミ誌に代わった。

SNSを重要視する理由は簡単だ。

「結局、商売というものは単純に言えば、客単価×人数なんです。書店業は、仮に客単価が二千円だとすると、それが一気に四千円になるような商売ではありません。客単価を伸ばせないとなると、いかに来店客数を増やすかが大事です。いくら、いい棚をつくった、新刊をたくさん揃えたと言っても、お客さんを呼べないと意味がないじゃないですか。だから、一人でも多くの人にうちの店に興味を持ってもらうために、お知らせはとても大事です」

そして「客単価×人数」という方程式に基づいて店内はさりげなく仕掛けが施されていた。二階の屋根裏部屋で絵本の原画展や写真展などの展覧会を企画するが、入場料はとらない。展覧会を見るために十人が来店すれば、そのうち二人は本を購入してくれる。このように、いかに店に足を運んでもらえるかに力点を置く商売のあり方を、高木は「サンダル経済」と呼んだ。近所の人がサンダルをつっ掛けて立ち寄れるような気軽な場所にすることが、商売の肝だというのだ。

やや凝った仕掛けとして挙げるとすれば「高久書店ほんわか俳句大賞」(二〇一三年から

「掛川ほんわか俳句大賞」に名称変更）だろう。

地元のアマチュア写真家が撮影した掛川の風景写真を季節ごとに三枚、合計十二枚を掲載した小冊子を二百円（現在は三百円）で販売する。高校生以下は無料だ。小冊子の末尾には俳句の投稿用紙が付いている。応募者は小冊子を購入し、作品を書き入れた用紙を高久書店はじめ市内三カ所に設置された投句箱に投稿する。慣れ親しんだ風景の写真をもとに浮かんだ思いを俳句で表現する体験を通して、ささやかな日常の幸福を振り返る機会を分かち合おうという企画だ。掛川市教育委員会と地元紙が後援につき、市内の中学校でも投句に取り組もうという話にもなった。

高木が説明をしている間にもシニアが投句に訪れ、ひとしきり高木としゃべって帰っていった。

「ほんわか俳句大賞の業務にはマージンは発生しません（二〇二二年当時）。小冊子を買われるお客様にはレジのところの貯金箱に代金を直接入れていただき、貯金箱ごと、共同で俳句大賞を運営している読書クラブに渡します。読書クラブというのは掛川で長く続いている、本好きな人たちが集う読書愛好会です。うちからは『高久賞』として一万円の図書カードを出します。その意味では持ち出しをしているといえばそうなんですが」

高木の狙い通り、投句のために初めて高久書店を訪れる人が増えたという。なにより、掛川市民にこの小さな本屋の存在が知られるきっかけになった。

「つまり、本屋は誰でも来て、誰でも楽しめる場所だと知ってもらいたい。そのためには、誰もがいていい、買ってくれなくてもいいから来てよと大きな声で言い続けること、それに尽きるんです」

店内には戦後間もない頃の掛川市街地の写真が飾られている。伊豆半島出身の高木の、掛川の歴史に敬意を払う姿勢が地元の人たちに支持されないはずはない。

静岡関連本のコーナーに、掛川市が編集した小学校の社会科の副教材が並んでいる。小学三年生の目線に合わせて郷土の歴史や地理をわかりやすくまとめた冊子は、子どもだけでなく大人にとっても掛川という土地を知るにはうってつけのテキストだと、高木が掛川市役所に直接交渉をして仕入れた。

すぐ隣に『報徳』というタイトルの雑誌が平積みされている。二宮尊徳の教えを現代に伝えることを目的に、掛川市に本拠地のある大日本報徳社が制作している月刊誌だ。報徳とは、二宮がその生涯を通じて考え、編み出した社会道徳のことだ。

「これ、掛川の書店の中で置いているのはうちだけじゃないかと思いますよ。日本で刊行されている雑誌の中で最も古い部類に入る雑誌ですよ」

一九〇二(明治三五)年の創刊で、雑誌コードはもちろんない。日本のリトルプレスの先駆けですねと、地元ならではの出版物を高木は誇った。

高木には大切にしている二宮の教えがある。それは「道徳のない経済は犯罪である、経済のない道徳（理想）は寝言である」という言葉だ。

この教えを実践するかのように、高木は店の前や周辺の掃除を欠かさず、日曜日の休業日には裏の空き地の草刈りをする。掛川の人たちが敬愛する二宮の道徳観に倣いながら掛川の地域社会で自分の人生観や倫理観に基づいて選んだ本を取り揃え、本を商う、それこそがこの町に本屋が存在する意味なのだと高木は信じていた。

商売というものについて考えさせられた場面があった。「ほんわか俳句大賞」について説明を受けていたときのことだ。原稿を書く際の資料として小冊子を持って帰りたいと思い、私は何気なく「これ、一部いただけますか」と言った。すると高木は笑顔でこう返した。「差し上げるのはかまいません。でもね、これ、本当は一部二百円で販売しているものなんですよ」

私は軽々しく資料として持ち帰ろうとしたことが恥ずかしかった。本を売る実業とはこのような数字の積み重ねなのだと高木は私に教えていた。こうした数字のひとつひとつを疎かにしないことの先に本屋を植える仕事はある。

5

再び高久書店を訪ねたのは二〇二二（令和四）年の春だった。

サッシの引き戸を開けると、赤本コーナーが目に飛び込んできた。奥のレジに高木が座っている景色も変わらない。

「一昨日、（掛川）西高の卒業式がありましてね。放課後に二階で受験勉強をしていた子たちが合格の報告にきてくれたんです。お礼を言いに立ち寄られた保護者もいました」

門出を祝った心の高ぶりが残っているのか、高木は彼らの節目と高久書店のこの二年を重ね合わせるように話を続けた。

「私たち本屋の仕事は毎日届いた本を棚に並べるルーティンの業務が中心です。でも、同時に、お客さんの変化や求めるものへのコミュニケーションをとる仕事でもあります。自分の編集した棚にお客さんが興味関心を持ってくださるばかりか、買ってくださって、おまけに喜ばれる。幸せな仕事だと思います」

そしてコロナ禍とともに船出した二年前を振り返るとき、高木は改まった表情になった。

「二〇二〇（令和二）年二月七日に開店しました。翌月には全国の小中学校が休校になり、この近隣の学校や幼稚園、保育園も休みになりました。駅前の商店街の飲食店は休業して人通りが消えました。ああ、本屋をやっていけるだろうかと不安になったのも事実です」

私が初めて電話で取材の申し込みをしたのはちょうど開店直後のこの頃だった。そのとき一度私は高木に断られている。コロナ禍に船出した直後、不安と緊張のさなかにある書店主に取材を申し込んだことがいかに想像力に欠けた傲慢《ごうまん》な申し出だったかが今はわかる。もう一度、私は自分を恥ずかしいと思った。

「でも、実際にはコロナは関係ありませんでした」

思いがけない高木の言葉に私はメモをとる手をとめて高木を見た。高木は自信に満ちた顔で胸を張った。

「店を始めるにあたり毎月の売上予想を立てていました。そこへコロナ禍が襲ったわけです。当然ながら売上は予想を下回ると思うじゃありませんか。でも、実際には店売りだけで売上予想を上回ったんです」

加えて客注が予定外のプラスとなっていた。近隣の高齢者にニーズに応じる形で始めた配達を含め、客注や定期購読が現在では月商の四割近くまで伸びているという。初めて訪ねたとき、高木は確かに「客注はイノチ」と言っていた。その言葉の通りの結果が出始めている。「走る本屋さん」の活動と本屋を植える仕事は進んでいないが、悪いことばかりというわけでもないという。

「ちょくちょく来てくれていたお客さんが、会社を辞めて本屋を始めたんですよ。高久書店みたいな地元に溶け込んだ本屋がやりたいって言ってくれて」

美大出身のその人はオートバイ製造メーカーヤマハの工業デザイナーだった。ヤマハの本社の所在地である浜松市は掛川市に隣接する。彼は高久書店と高木に刺激を受け、文学とバイクに関する本を集めた書店を開いた。天竜浜名湖鉄道で掛川駅から三つめ、桜木駅からほど近い場所にある。店名は「本と、珈琲と、ときどきバイク」。店名を聞けば、本人に確かめずとも片岡義男ファンであることがわかる。

「若い本屋さんが出てきてくれて、思いがけず芽が出たような気持ちがしています」

高木は折りに触れて書店経営のノウハウを伝えているという。

これを見てください、と入り口の参考書コーナーの向かいに案内された。「ペイフォワード文庫」と記したパネルを掲げたコーナーができている。

「毎月、一人の大人が中高生に読んでほしい本を十冊、選んで購入して並べることができます。見ず知らずの大人から未来ある若者へ本を贈るという仕組みです。興味を持った中高生は、誰でも無料でこの知らない大人からのプレゼントを持って帰ることができます」

本を通して若者に希望を託すというこの企画は、いかにも元教師だった高木らしい。地元にUターンした若い起業家からの提案によって始まり、企画は数カ月先までペイフォワードしたい大人からの申し出で埋まっている。

一冊からでも参加できる、そう聞いて、私も一冊、ペイフォワードすることにした。選んだのは、ジャーナリストでニュース週刊誌AERAの元編集長、浜田敬子の『働く女子と罪悪感』(集英社文庫)だ。均等法世代の浜田は新聞、雑誌の報道現場で長く取材をし、女性編集長の先駆けとして、女性の働き方と男女の非対称が前提になっている社会構造の歪みに対し問題提起してきた。浜田はこの本で、女性が働き続けることの厳しい現実とそれでも仕事をして自立して生きる自由の尊さを、自身の経験を振り返りながら語りかけている。

掛川西高校の女子生徒の中にはここで棚の前に立ち、進路を自問自答する人もいるだろう。そんな若い誰かにこの本を贈りエールを送ることができたらうれしいと思った。

店を去る前に、高木が見せてくれたのは一枚の色紙だった。西高を卒業した三人の高校生が高木への感謝を書き込んでいた。高木は親とも先生とも異なる立場で高校生と具体的な関わりを持ち、彼らの進路選択を支える役割を担ったことになる。教職の夢から離れても、若者と交わることのできる場所を手に入れてしまったかのようだ。

七章

次の人たち

双子のライオン堂
東京都港区赤坂6丁目5-21-101

1

午前八時、竹田信弥《しんや》は東京・碑文谷《ひもんや》の自宅を自転車で出発した。ペダルを踏み込むふくらはぎには筋肉がしっかりとついている。最寄りのターミナル駅渋谷までは六キロ。渋谷から赤坂や新宿へと疾走する途中、神保町に足を延ばす。中小の取次会社の集まるいわゆる「神田村」で本を仕入れるのだ。

同じ頃、日本海を望む鳥取県の湯梨浜町《ゆりはまちょう》ではモリテツヤが「食える公園」にいた。パクチー、ミント、茄子、きゅうり、オクラ、スナップエンドウ。すべて無農薬で育てている畑をモリはこう名づけた。土地の一画では野菜くずを土と混ぜて肥料をつくっている。普段はモリと妻のアキナが手入れをしているが、誰でも、望めば見ず知らずの人でさえ、食える公園を一緒に耕し、収穫し、口にすることができる。

オンラインニュースメディアでの連載を始めるにあたり、第一回で取材したのが竹田だった。竹田は赤坂で「双子のライオン堂」という書店を営んでいる。双子のライオン堂は風変わりだった。竹田と妻の星座に由来する店名もさることながら、取り扱う本の多くは、竹田が依頼した作家やアーティストによる選書で構成されていた。だが、何より驚いたのは、本屋の経営を維持するために、竹田がアルバイトをしていることだった。

繰り返しになるが、書店は次々に町から姿を消している。にもかかわらず、貸し会議室の清掃管理の仕事などいくつかのアルバイトで生活費を稼ぎながら自前の本屋を維持しようというのが竹田だった。本屋という場所を守ることへの竹田の一途さはまるでドン・キホーテのようで、取材後に送った原稿を読んだ編集者は、

「この書店、すごく面白いけど、こんなユニークな本屋が他に見つけられるかな」

と連載の継続を危ぶんだほどだった。

幸いなことに連載は回を重ね、書店には風土と人との関係性によって育まれる人格のようなものがあることを私は知ることになる。どの書店にも、町や人との抜き差しならない関係があり、出版不況の時代に本屋を営む覚悟から編み出された経営の技があった。

そして連載が一年を迎える頃、私は鳥取でモリテツヤに出会った。

モリは「汽水空港《きすいくうこう》」という、これもまた風変わりな名前の本屋を営んでいる。

福岡県北九州市に生まれ小学生の一時期をインドネシアで過ごし、中学からは千葉で育った。そのモリが流れ着くように鳥取の小さな町で書店を開いたのだが、汽水空港を維持するために畑で自給自足をし、ときには大工仕事や建築現場で生活費を稼いでいるという。だが、

汽水空港のある湯梨浜町は人口一万五千人ほど。一般的な感覚でいえば、書店を維持することが難しい経済規模の町ではないか。おまけに汽水空港では一般書店の売れ筋である雑誌やコミックを取り扱わない。奇天烈なモリの話に耳を傾けながら、私の頭の中で一年前に会った竹田の顔がしきりにちらついた。他の仕事で稼いでまで本屋をやりたいという二人に共通するものを感じたのだ。

帰京後、竹田を取材した際のメモを見返してみると、偶然にもモリと竹田は三十代の同い年だった。

二人が生まれた一九八六（昭和六一）年、社会はバブル経済で浮き足立っていた。八〇年代後半のこの頃、書籍の年間売上は毎年前年比一桁増で伸び続けていたが、物心ついた彼らが十歳を迎える一九九六（平成八）年、書籍の年間売上はピークを迎え、翌九七年から減少に転じ、徐々に書店は姿を消していく。

彼らは隆盛期の書店を体験した最後の世代であると同時に、インターネット元年の一九九六（平成八）年には思春期にさしかかってもいる。NTTドコモが開発した世界初の携帯電話IP接続サービス「iモード」が大ヒットした二〇〇〇（平成一二）年、十四歳。デジタル空間に足を踏み入れた第一世代は、インターネットを当たり前のインフラとして大人になった。

そのインターネット第一世代が二人も、書店員経験さえほとんどせずに書店を始め、アルバイトで店を維持しているというのだ。

これは果たして偶然なのだろうか。

竹田の一家は祖父の代から碑文谷に暮らしている。ゆったりとした高級住宅街で育った竹田は中三の頃に友達から勧められたライトノベルで本を読む楽しさに目覚め、自宅からほど近い八雲堂《やくもどう》書店の常連になる。東急都立大学駅に構える一九三二（昭和七）年創業の老舗書店だ。同じ敷地に暮らす祖母は、孫が本を買うための小遣いを惜しみなく与えた。

その竹田は本に孤独を救われる体験をしていた。進学した高校で人間関係に挫折を味わったときのことだ。都内の私立高校に入学した竹田は野球に打ち込んでいたが、怪我で部活をあきらめた。前後して友達関係のもつれが引き金となり、学校に行くのが億劫になった。

そんなとき、本屋は逃げ込むことのできる異次元の空間だった。ガールフレンドとのデートも友達と遊ぶときも、待ち合わせには渋谷のブックファーストを指定した。二〇〇七（平成一九）年に閉店するまで、六フロアで七十万冊を扱う本の森は竹田を癒した。

「キャンプやアウトドアが好きな人が森で癒されるように、僕にとっては本の森が回復する場所だったと思う。森にいる間はいやなことを忘れてあの広大な世界に没頭していられました。本には人生の悩みや困難を解決してきた人類の叡智《えいち》が詰まっていますよね。その日の悩みが解決できなくても、本の森では心が安らぎ気持ちが立て直せたんです」

中学生のときにインターネットを使い始めた竹田は、本の森をさまようときもネットサーフィンをするのに近い感覚で棚を見ていたという。

舞城王太郎、佐藤友哉、絲山秋子などの純文学やエッセイを好んで読み、竹田はほどなく自分でも創作を始めた。

高二の夏休み、大学の文芸創作の合宿に参加した。学校の外の人たちと交わり、視界は広がった。自宅の部屋は勉強机を寄せた壁面以外の三面を天井に届く高さの本棚で覆った。ありとあらゆる隙間までぎっしりと本を詰め込み、巣窟は本で溢れ返った。

そして高三の五月、竹田はオンライン上の古書店として双子のライオン堂を始めていた。

「ものを書いたり編集したりといった、本にまつわることが好きだと自覚していました。加えて、その年代特有なのか、何かもやもやする思いがあって、逃避として自分の古本屋を持ちたいと思ったんですよね」

大学では文芸創作学科に進み、小説家辻原登や批評家山城むつみのもとで文章修業をする。

一方のモリ。本を具体的に意識したのは大学生の頃だ。本人によると、高校卒業時に将来を決めきれず、猶予期間を得ることを目的に大学に進学し、生きる指針を求めて東京の本屋をさまようちに、下北沢の小さな古書店に迷い込んだ。店主がセルフビルドしたというムーミン谷のような四坪の空間はヒッピーやアナキズム、哲学、思想などの本で満ちていた。この気流舎という古書店でモリは二冊の本と出会う。『就職しないで生きるには』（レイモンド・マンゴー、中山容訳、晶文社）と『ラダック　懐かしい未来』（ヘレナ・ノーバーグ・ホッジ、『懐かしい未来』翻訳委員会訳、山と溪谷社）だ。ヒッピー世代のアメリカ人が自分の好きな仕事を見つけたことによって仕事の概念が変わっていくという自伝風のエッセイと、ラダックという少数民族の伝統的な生活に西洋的な価値観が流入し、コミュニティが変質していく過程を描いた文明評論である。

気流舎と二冊の本はモリの人生を決定づける。モリは大学卒業後は農業で自給自足しながら本屋を営むという突拍子もない人生設計を立てたのだ。

極端な選択をしたように見えるが、「当たり前」を疑う素養は幼少期に萌《きざ》している。人生の悩みは三歳のときに始まったとモリは言う。

「『24時間戦えますか』っていうドリンク剤のコマーシャルがあって、びっくりしたんです。それ、無理だろうと思って、一緒にテレビを見てた父に『おとうさん、かいしゃってそんなところなの？』って聞いたら、『まあ、そうだなあ。会社ってところはそういうところだよなあ』って言うんです。ショックでした。オレ、絶対にそんなところ、無理って思いました」

子どもは曇りのない眼で世の中の歪みを見つけるが、成長するにつれてルールに折り合いをつける術《すべ》も身につけていく。ところがモリは折り合うことがうまくなかった。

「勉強ができる子どもだったら、上手に折り合えたのかもしれません。でも僕、成績が悪かったんです。だから、手がかかるしものわかりも悪い。大人にとって都合のいい子どもではなかったと思います」

小学五年生になると、モリは父の転勤により母と兄と一緒に家族四人でインドネシアの首都ジャカルタに移り住んだ。ジャカルタは日本に比べて物価は五分の一ほど。先進国から来た日本人は相対的に富裕層となる。駐在員家庭は治安の確保されたエリアに暮らし、子どもは送迎バスで日本人学校に通う。北九州では五十円玉でせいぜい駄菓子屋でおやつを買うぐらいだったのに、ジャカルタではお金持ち扱いをされてしまうのだ。

日本人エリアのすぐ脇には、十人近いインドネシア人家族がひしめき合って暮らす窓のない家々があった。モリは自分とは無関係に立場の強い側に組み入れられてしまうことに居心地の悪さを覚えた。同時に、スコールが降り出すと、掘っ建て小屋のような家から子どもたちが傘を持って表に飛び出していく姿に衝撃を受けた。彼らは道ゆく人に傘を売り、小遣いを稼ぐのだ。

「同じ十一歳でも、インドネシアに生まれたか日本に生まれたかで、こんなに違いがある。世界は不平等だと思ったし、でも、かといって貧しい彼らはかわいそうなのかと言えば、そうは言い切れないと思いました。だって彼らはものすごくたくましかったから」

帰国後は千葉で中高時代を過ごすが、アルバイト先ではもたもたして先輩に叱られ、現実社会でそつなく生きる能力に乏しいことが身に沁みた。そして猶予期間として確保した大学時代に出会った気流舎は、モリが初めて見つけた、安全で深呼吸することのできる場所だったのだ。

2

リーマンショックの翌年、二〇〇九（平成二一）年春、竹田は大学の卒業式当日にＩＴ関連企業から内定を取り消される不運に見舞われる。こと就職に関しては、本人の能力や適性以前に景気や社会の変化など周辺環境から受ける影響は大きい。そして竹田はリーマンショックの打撃をもろに浴びて社会人の一歩を踏み出した。

取りあえず面接に行ったベンチャー企業にアルバイトとして入社し、営業部門に配属された。ほどなく社員登用されたが、連日の長時間労働に心身をすり減らした。失意の竹田を支えたのが、高三から続けているオンライン古書店だった。営業で外回りに出ると神田の古書店街に足を延ばし、掘り出し物をサイトにアップすることが楽しみになった。

同じ年に卒業したモリは埼玉の有機農家に住み込んで農業研修を始めた。だが二年後の東日本大震災によって人生設計は変更を迫られる。

その日、二〇一一（平成二三）年三月十一日、モリは栃木県那須塩原市の農業リーダー研修施設、アジア学院にいた。一九七三（昭和四八）年に日本基督《キリスト》教団の牧師高見敏弘が中心になって設立した学校法人だ。一九二六（昭和元）年に満州で生まれた高見は少年期に帰国し、第二次世界大戦中は京都で家族とともに困窮生活を送る。戦後、国内でのアメリカ人宣教師との出会いからアメリカに留学し、神学を学んで帰国後は伝道牧師となった。その高見が一九七〇（昭和四五）年、バングラデシュで発生したサイクロンによる大被害の救援活動に赴いた際、農業復興に必要なリーダー人材が不足している現状を目の当たりにし、発展途上国の農業従事者に日本の農業技術を学ぶ機会を提供するために設立したのがアジア学院だった。アジア、アフリカ、中南米、太平洋諸国から集まった学生たちは、全寮制の共同生活を通して持続可能で平和な社会をつくることをめざし、無農薬や有機農法による循環型農業の技術を学ぶ。卒業生たちは農村指導者として世界各地で活躍している。

モリは埼玉の有機農家の研修を一年で終え、学院にやってきた。ボランティアスタッフとして学生の生活の手伝いをしながら循環型農業を学んで一年の期限を迎え、退寮のために荷物を幕張の実家に送り出し、部屋を掃除していた春の午後。経験したことのない激しい地震に見舞われた。

アジア学院には原発の安全性に疑問を抱く人たちが集まっていて、皆、東京電力福島原発事故による放射能被曝《ひばく》を恐れた。モリもまた、幕張の実家に帰り母親の無事を見届けると、安全な場所を求めて電動自転車で西へ向かった。もし地震が起きていなかったら、幕張で実家暮らしをしながら日雇い仕事で金を稼いで、それから土地を手に入れ本屋を開くはずだった。

たどり着いた京都の鴨川のほとりで一週間ほど野宿したのち、清掃する代わりに無料で泊まることのできるシェアハウスに住み込んだ。本屋と農業が両立できる場所を求めて京都周辺の里山を歩いた。大学を出てから二年間どっぷり農業に浸っていた間のカルチャーへの渇望感が一気に噴き出し、レコード店や本屋巡りに没頭した。

京都ではこんなこともあった。神戸から東北にトラックで支援物資を届ける友人からガイガーカウンターを手に入れてほしいと頼まれ、京都大学の物理学分野の教授をアポなしで訪ねた。教授は、突然の来訪者を否定することなく話を聞き終え、ガイガーカウンターを手渡してくれた。肩書きなど関係なく対等に話をしてくれる大人と出会った体験は、モリにとって、人と人がフラットにつながり、自分たちの暮らす社会を自分たちで議論しながらつくっていくための方法を考えていく小さな種となった。

数カ月が経った頃、モリは鳥取でタダ同然で空き家が借りられるという知らせを受けた。

同じ頃の東京——。

竹田は疲れきっていた。社会人三年目で転職したＩＴ企業では社員が次々に離職し、竹田に大量の仕事と重圧がのしかかった。そんなとき、文京区にある倉庫が空いているという話が飛び込んできた。オンライン古書店の在庫管理用としては、破格の条件だった。その話に飛びついた竹田に大家は、「お店、開いちゃえばいいじゃん」と言う。大家のそのひと言で、竹田は会社を辞めて書店を開こうと思い立つ。こうして、趣味だった古書店業は本業になった。開業するリアル書店では新刊も取り扱うことにした。神田の小さな取次会社が竹田を応援してくれた。

「大手の日販とトーハンには取引を断られましたが、神田村の八木書店、弘正堂《こうせいどう》図書販売、三和図書といった会社さんが取引に応じてくれました。若いのに本屋をやるなんていうのが珍しかったみたいで、喜んでくれました」

本棚などの什器《じゅうき》と仕入れにかけた初期費用は五十万円。

営業日を週末の二日間に絞り、トークイベントや読書会により少しずつ存在が知られるようになったが、本屋だけで生活を賄うのは難しい。竹田は大学卒業と同時に、高校の頃からつき合っていた恋人と入籍している。獅子座のパートナーは漫画家志望でコツコツと作品を描いていた。

竹田は本屋のかたわら、大学卒業後に就職した一社めの会社にアルバイトとして戻った。

「本屋の商売はその日暮らしで、月々決まったサラリーをもらえる仕事ではありません。その頃、本屋の売上が下がっているとも聞いていましたので、会社員の仕事一切を辞める決断はできませんでした。自分の安心材料として定期収入があった方がいい、安定しながら本屋をやろうと思いました」

そして三年後の二〇一五（平成二七）年、港区赤坂に移転する。

地下鉄赤坂駅から地上に出ると、テレビ局を右手に見ながら六本木の方に向かって緩い上り坂を歩く。逆方向に進めば、国会議事堂のある永田町へとつながる。坂道の途中で脇にそれると赤坂と六本木のビル群に挟まれた谷間に古い住宅街が開ける。ヴィンテージマンションの一階に見える、青く分厚い扉が双子のライオン堂の目印だ。

初めて訪ねたとき、私はこの突拍子もない外観に気後れした。こんな風変わりな書店を営む店主は、どんな気難しい本読みなのだろう。

恐る恐る重たい扉を引くと、目の前に本のカオスが飛び込んできたことを思い出す。壁いっぱいに本棚がつくりつけられているのはもちろん、奥にある店主の座るレジにたどり着くまでに、まるで障害物のように木の箱が組み上げられた本のジャングルを通過しなければならなかった。

果たして奥のレジで待ち受けていたのは白いTシャツに短パンというラフな出で立ちのにこやかな青年でほっとしたのだが、店のコンセプトに驚かされた。

十三坪の店内に文芸、思想、社会学、哲学など約三六〇〇冊がひしめく。全て前述の取次会社からの買切だった。そして大学時代の恩師辻原登をはじめ、元ライフネット生命会長で立命館アジア太平洋大学学長（当時）の出口治明、芥川賞作家の高山羽根子など四十人ほどの作家や経営者に選書を依頼していた。棚の脇には名前を記した木札が立てられていて、選書担当者ごとに本を見ることができる。

極めつきは選書を依頼するにあたっての竹田の口上だった。

「あなたが百年後にも紙の本として残したい本を教えてください。あなたが選んでくださった本とあなたの本をあらゆる手を尽くして揃え、百年は双子のライオン堂として紹介することを約束します」

と宣言したというのだ。

赤坂での読書会の初回には辻原登をゲストに招いた。辻原は教え子の開いた「百年続く本屋」をたいそう喜んだ。

事業を存続するための担保が実はある。竹田の父は人材教育コンサルティング会社を経営している。白山で書店を開く際、父との話し合いにより、父の会社に双子のライオン堂を書籍事業部として組み入れた。竹田の奮闘を認めた父の勧めで赤坂のマンションの店舗スペースを購入し、移転したのだった。

3

総務省が地域おこし協力隊を始めたのは二〇〇九（平成二一）年のことだ。過疎や高齢化の進む地域の活性化を支援するために、三大都市圏をはじめ都市部から地方に移り住んだ人たちが、地域に埋もれた産業や産物の魅力を掘り起こし、地域の活性化に向けて商品化やP

R、起業に取り組む。総務省は自治体に補助金を支給し、隊員の獲得を支える。全国の都道府県の中でもっとも人口が少ない鳥取県も、地域おこし協力隊の受け入れに取り組んできた。加えて独自に移住促進施策を行うなど、鳥取県は移住者の受け入れに積極的な自治体だ。

モリが鳥取に移住したのは、国が地方移住に向けて旗を振り始めて三年目のタイミングだった。地域おこし協力隊には応募しなかったが、鳥取市からほど近い小さな町の田園地帯に見つけた古い空き家には、貸主から好きに使っていいと言われた畑もついている。

ここで生活費を稼ぎながら書店の開業計画に着手するために、モリはとある団体の臨時職員の採用面接に出向いた。面接官は、髪を長く伸ばした風変わりな若者に怪訝そうな目を向けた。

「どこに住んどるの？」

「畑と空き家を借りました」

「で、あんたの住んどる場所からここまではずいぶんと離れとるけど、どうやって通うのね？」

「駅まで自転車で行って、電車で行けます」

「……」

採用は見送られた。

一人一台の車を所有するのが当たり前の地域で、身ひとつで移住したモリは異端者なのだ。借りた家の改修を始めようにも、床が腐りかけた廃屋状態でどこから手をつけたらいいかわからない。

そこへ、アジア学院から、フィリピンの離島で循環型農業の研修を手伝わないかと誘われた。フィリピンに三カ月滞在して鳥取に戻り、またフィリピンへという生活は悪くなかった。孤独をかこつ鳥取と違い、開放的な気質のフィリピン人たちと畑仕事に汗を流す常夏の暮らしは楽しい。だが、そんなフィリピンとの行き来が一年になる頃、本屋と農業をするために移住したのにこんなことをしている場合ではないと、モリは我に返る。

現代アートのユニット・うかぶＬＬＣから、ゲストハウスをつくったと連絡を受けたのはそんなときだった。うかぶＬＬＣのふたりとは、鳥取に移ってから偶然出会っていた。遊びに行ってみると、古い旅館を改装した「たみ」という名前のゲストハウスは「撮影禁止」をルールとしていた。ＳＮＳが社会を支配する時代に、スマホで得られる情報から距離をとって自分の目で見て体感する場所を提供しようという彼らの価値観にモリは共振した。

そのまま居着くように移り住んだ、それが、今、モリが畑を耕し、汽水空港を営む湯梨浜町だ。

鳥取県は日本海に面して東西に細長く延びていて、その距離は百二十五キロにもなる。東寄りに位置し県庁所在地の鳥取市には官公庁が多く集まっているのに対し、西の米子市は企業が多く集まる経済都市だ。湯梨浜町はちょうど鳥取市と米子市の中ほどに位置する。

湯梨浜町は二〇〇四（平成一六）年に羽合町《はわいちょう》、泊村《とまりそん》、東郷町《とうごうちょう》の三つの町村が合併してできた町だ。湯梨浜町のウェブサイトを見ると、新しくつけた町名の由来はこう説明されている。〈「東郷池から湧き出る温泉、大地がはぐくむ二十世紀梨、そして日本海に広がる白い砂浜」という新しい町の特色をイメージして名づけた〉。町には三つの公立小学校と公立中学校が一校。温泉地としての歴史は古く、文豪森鷗外の投宿の記録が残る。昭和期には東郷温泉や羽合温泉が観光地として賑わった。

ＪＲ鳥取駅から山陰本線で西へ八つ目の松崎駅を降りると、「歓迎」と記された温泉街の古いゲートが佇んでいる。ゲートの先には東郷湖が見えた。たっぷりと水を湛《たた》えた穏やかな東郷湖は周囲十二キロほどの、温泉が湧く珍しい湖だ。

のちにうかぶＬＬＣの三宅航太郎に話を聞くことができたのだが、三宅はこの土地の魅力をこう話した。

「この一帯はかつて日本海沿岸での漁業で稼ぐ海の男たちを迎え、港町として栄えたそうです。スナックやバーが軒を連ね、ストリップ小屋もあったと聞きました。外からの人間で賑わった時期を知る女将さんたちには、外からやってきた若者が何やら新しいことをしようとするのを面白がる空気がありました」

湯梨浜町にぽつんと生まれた「たみ」は、若いアーティストやフォトグラファー、あるいは大人の決めたレールから降りた若者たちを引き寄せた。「たみ」への滞在を起点に、都会から移住し、古着屋やカフェを開く人たちが現れた。

「たみ」で価値観の近い人たちと出会い、モリは息を吹き返した。だが、建築現場で日銭を稼ぐ生活をしているモリにとって「たみ」の滞在費用は安いものではない。月の稼ぎから「たみ」への支払いとスマホ代を引けば、手元には一万円札が数枚残るかどうか……。経済的な物差しで価値を測る資本主義から離れたくて本屋を始めたいと焦っているのに、身を寄せている「たみ」はといえば、価値観を分かち合える快適な場所のようで、資本主義経済の構造も内包している。その二面性がモリは納得できない。苛立《いらだ》ちはしょっちゅう爆発した。

他方、十歳ほど年齢が上の三宅の目には、モリが自分の状況を整理できずに八つ当たりをしているようにも映った。目指す将来像と現実が噛み合わないうえに、常に窮乏状態なのだ。

「モリくんは『ああ、一億円ほしい！』と絶叫していましたよ」

と三宅は笑った。モリもまた資本主義経済から自由になれずもがいていた。資本主義社会から距離を置くには金が要るという矛盾をはらんだ現実に折り合いがつけられずにいたのだった。

モリは東郷湖の前にある空き店舗を五千円という破格で借りて、自力で修繕し、水回りを整え、棚をつくり、天井にロフトのような自分の寝床をこしらえた。

ふと、自分で小屋を立てようと思い立った。日雇いで通っている大工の棟梁に話すと、舐めたことを言うんじゃない、と一喝された。設計図をつくってこい、と言われ棟梁に図面を見せると、柱はどうするんだ、と棟梁は言う。ひとつずつの部材の材料を棟梁から与えられ、下処理をしたものを見せ、合格点をもらってから組み上げる。柱の立て方がわからず、ただ眺めるだけで終わった日もある。根負けしそうになりながらもついにあたたかみのある美しい小屋が完成した。

身体を使ってひとつずつ覚えて二〇一五（平成二七）年、モリは古書店の開業に漕ぎ着けた。ところが、念願の開店日、取材にやってきた地元のテレビ局のディレクターは、

「こんな田舎ではどうせ続かないから、挫折までを描きたいの」

と言う。

ふらりと店に入ってきた人は、

「いったい、何の必要があってこんな店をやっているんだよ」

と言い放ち、棚を見もせずに出て行った。一人の来店客もない日が続くにつれ、気持ちは落ち込んでいく。

汽水空港

鳥取県東伯郡湯梨浜町松崎434-18

二〇一六（平成二八）年十月、鳥取県中部地震で被災する。店舗の倒壊こそ免れたものの、モリは疲れ切った。再び落ち込み、店を休業してモリは考え込んだ。

4

恋人アキナがモリを沼から引き上げた。

アキナは島根県松江市の出身だ。美容専門学校を卒業すると広島市の大きな美容室に勤めたあと、実家に戻った。米子市のブライダル業に転職したが、分刻みで進行を管理するストレスから過食気味になった。不健康な仕事を身体が拒絶するのを感じ、職場を離れてアルバイトをしているときに、モリと出会った。

神経をすり減らした直後のアキナには、モリの目指す世界は健全に映った。自分の見てきた現実社会よりもモリの描く未来の方がまともな世界だと思えた。

それは例えばモリの語る仕事観だ。私が初めて汽水空港を訪ねたときにモリはこう語っている。

「環境破壊をしたり自分を組織に合わせて苦しめたりせずに、資本主義の世界で最低限生き延びられる金を稼ぎながら生きていくための仕事をつくれたら、それは自分を救うことでもあるし、自分以外の人にも希望が示せるんじゃないか。そう思ったとき、勇気が湧いてきたんです」

経済至上主義の社会に適合できない自分の悩みを一般化してしまう誇大妄想気味なところは、自分さえよければいいと割り切ることのできないやさしいモリの特徴だ。

モリについてこんな指摘をする人もいた。

「モリくんはお金を稼ぐことに臆病なところがあるんですよね」

宮原翔太郎、湯梨浜から東へ車で二十分ほどの浜村という温泉地でゲストハウスを運営している関東からの移住者だ。建築ユニット・令和建設でリノベーション建築に携わっていて、汽水空港のリノベーションを手伝った仲間でもある。

「例えば、僕は仕事でもらえるお金が多いと、ラッキーだと思うんですよ。それが普通じゃないですか。でも、モリくんはお金のやりとりについてものすごく慎重だし、怖がりなんです」

カネに支配されない生き方を手探りするモリの繊細な一面を同世代の宮原は察知していた。

アキナの話に戻ろう。アキナは美容師時代、パワハラ気味の職場の雰囲気に違和感を持った。ブライダル業に転職してからも、花嫁にゆったりと幸せな時間を味わってほしいのに、効率を優先する経営方針に、何かが違うという思いになった。モリの描く未来は自分にとっても心地いいものだと思ったアキナは、モリと行動をともにし始めた。

「結婚なんて、地獄に道連れにするようなもの。到底考えられない」

と嘆くモリの横で、

「私はそうは思わない」

と、アキナはいつも淡々と悲観的にならなかった。

湯梨浜町の田園地帯に建つ空き家を借りて、ふたりで修繕しながら暮らし始めた。荒れた畑を開墾し、野菜やハーブを育てるうちに、アキナは土を触っていると頭痛が治まることに気づいた。土いじりをしていると、不思議と身体が整うのだ。

それぞれにアルバイトをしながら休業していた店の整備にとりかかり、二〇一八（平成三〇）年に再開した。このときに始まった汽水空港が現在の原型だ。海水と淡水の中間の汽水を湛えた東郷湖のほとりに建つ汽水空港からは、夕暮れどきには水面に沈む夕陽を見届けることができる。木板を張り巡らせた店内に、モリとアキナの手づくりの棚がしつらえてある。奥のカフェコーナーではコーヒーや、アキナがハーブを煮詰めてつくった特製モリ・コーラ、ハーブティなどを用意した。

棚には古書と薄紙で包んだ新刊が隣同士に並んでいる。書店ではもう出会えない絶版のノンフィクションもあった。私は本田靖春『「戦後」 美空ひばりとその時代』（講談社、一九八七年）と佐野眞一『紙の中の黙示録　三行広告は語る』（文藝春秋、一九九〇年）をほくほくと買い求めた。新刊はアジア関連、芸術、映画、社会思想、哲学が中心だ。米子出身の経済学者宇沢弘文の著書や評伝は、敬愛を込めてひとつのコーナーに美しく陳列してあった。新刊の仕入れの取引先は八木書店と子どもの文化普及協会。

壁に作家坂口恭平のサインを見つけた。聞けば、『まとまらない人　坂口恭平が語る坂口恭平』（リトル・モア）を出版した直後の坂口を招いて二〇二〇（令和二）年一月にトークイベントを開いた際に、坂口がマジックペンで落書きをするように書いたという。社会の仕組みから距離を取りながら、自身の身体性を信じ、体内から湧き出る何かに従うように生きている坂口の生き方にモリは感銘を受けていた。その夜、汽水空港は県内外からの参加者ですし詰め状態になった。

このときはチケットの売上で熊本から汽水空港までの往復の交通費と謝礼を坂口に受け取ってもらうことができた。その坂口は後日、汽水空港が豪雨で浸水したことをＳＮＳで知り、「モリくん、あのときありがとね！」と軽やかに見舞金を送り、モリを感激させた。

エッセイストのワクサカソウヘイを招いたトークイベントの際も、満員御礼で謝礼を賄うことができた。だがこのとき、モリの用意した謝礼の額の多さに驚いたワクサカとゲスト参加の山下陽光《ひかる》が、「何か返そう」と思い立ち、同行していた編集者と一緒にイベントの内容を文字にまとめ、デザインし、手弁当で本に仕立てた。それは汽水空港初のオリジナル書籍『ふざけながらバイトやめる学港』（山下陽光、ワクサカソウヘイ）となって世に出た。

現実には著者が招かれたトークイベントであっても、謝礼が交通費にも満たないということは少なくないという。だが、トークイベントは著者がいてこそ成立するものだ。だから、きちんと謝礼を支払いたい。搾取する側にはなりたくない――。そのモリの心意気に著者たちが反応したのだ。

三歳の頃、人間が消費される資本主義社会に疑問を持ってしまった。それから三十年、社会に対して同じ問題意識を持つ仲間がモリとアキナのまわりに集まり始めた。

本屋の売上だけでは生活の維持が難しい。だから、竹田もモリもアルバイトで現金を稼ぐ。竹田は、アルバイトを双子のライオン堂を運営するために必要な「部品」と言い、モリは、農業で自給自足しながら本屋を営む「半農半書店」を模索する。

竹田とモリはなぜそうまでして本を商いたいと思うのか。

竹田の原点は本の森で過ごした高校時代にある。人間関係に悩み孤独だった十代、圧倒的な量の本が置かれた空間に身を任せ、深呼吸して自分を巡る状況を対象化した。あの場所によって自分は息を吹き返したという思いが竹田にはある。
「本は紙とインクでできたただのプロダクトということもできるでしょう。でも、百年、二百年と読み継がれる本には、コピーや複製に形を変えてもなお残り続けるエネルギーが宿っています。それは言霊かもしれないし、叡智が込められているということなのかもしれない。そうした長く読み継がれるものを書いた著者への畏怖を、僕らは本の表紙や背表紙から自然と感じ取っているんだと思います」

読み継がれてほしい紙の本を百年にわたって守る場所が双子のライオン堂だ。

モリは本によって信仰を編むという考えにたどり着いていた。

「信仰のない時代を僕らは生きています。この世の中に唯一あるとすれば、お金しか信仰するものはない、今はそんな時代ではないでしょうか。でも、お金は信仰するに値しないし、経済原理主義は限界にきていると経済学者たちが認めています。じゃあ、僕らは何を信仰していくか、それが今の時代を生きるテーマだと思います。自分の信仰は自分で編んでいくしかない。ひとりひとりが自分の信仰を編んでいくとき、本が役に立つと思うんです」

本を通して自分と対話し、自分の心を支え信じるものを自分で編んでいくのだというモリの考えに、私は頷《うなず》く思いで耳を傾けた。

私たちは本を読むことで自分を対象化して捉えることができる。息もできないくらいに心に傷を負ったとき、本を読むことによって、再び水面に顔を出して息継ぎをすることができる。私たちはどれほど本から慰めを得てきただろう。

5

博多駅から鹿児島本線で南に向かい、久留米駅で九大本線に乗り換えた。電車が進行するにつれて車窓からの景色は青々とした緑の面積が増えていく。筑後吉井駅で降りて少し歩けば白壁土蔵の町並みにぶつかる。ここ福岡県うきは市吉井町は、二〇〇五（平成一七）年に吉井町と浮羽《うきは》町の合併により市制が敷かれるまで浮羽郡吉井町という地名で親しまれてきた。

福岡県と大分県にまたがる耳納《みのう》連山から筑後川水系へと流れ込む水脈は、筑後平野の農業を支え、耳納連山を望む吉井町には美しい田園地帯が広がる。ここから隣県大分県の日田市までは車で二十分ほどだ。吉井町は、江戸時代には徳川幕府の天領だった日田と有馬藩の城下町・久留米を結ぶ豊後街道の宿場町として栄え、ろうそく、酒、素麺、精油などの製造で財を成した豪商を輩出している。そして一八六九（明治二）年の大火を機に火災に耐えられる白壁土蔵造りの町並みがつくられた。

白壁土蔵造りの建物をリノベーションしたカフェや雑貨店、ギャラリーなどが軒を連ねるようになったのは、一九八〇年代だ。通りはこざっぱりと掃除が行き届き、路地に並行する水路の透明な流れは豊かな土壌を思わせる。表通りから一本裏に入ると、二階建ての古い鉄筋の建物が現れた。店の名をMINOU BOOKSという。元は鮮魚店だったという建物は、時間の経った茶色いタイル貼りの外観が堅牢で質実だ。

黒いエプロンをつけた店主に迎えられた。

「店名は目の前の耳納連山からとりました。この町の暮らしに併走する本屋であろうと、衣食住にまつわる本を中心に選書しています。店のテーマは『暮らしの本屋』です」

オンラインニュースメディアでの連載終盤で、もうひとり、若い世代の書店主に出会った。汽水空港のある鳥取からさらに南西へ六百キロ、福岡県うきは市のMINOU BOOKS。店主の石井勇は一九八二（昭和五七）年生まれ。モリと竹田とほとんど同世代だ。

書店の数は減る一方だが、統計上の数字には現れないところで竹田やモリ、そして石井のような次の世代の本屋が芽吹いている。

石井の開業には実はブックスキューブリックの大井実（四章）が関わっている。

「大井さんには感謝してます。ほんと、いろいろ教えてもらいました」

石井は感謝を口にしたが、でも、と苦笑した。

「最初、大井さんから説教されたんですよね」

石井は十八歳で生まれ育った吉井町を離れ、上京。二年ほどで九州に戻り福岡市に住んだ。バンド活動とアルバイトをしながら二十代の前半を過ごしたのち、東京から出店したブックカフェに就職し、洋書やアートブックの仕入れに携わった。

三十歳で退職すると三カ月をかけてサンフランシスコ、ロサンゼルス、ポートランド、シアトルを巡り、地域のコミュニティの中心となっている書店のありようを目の当《ま》たりにした。シアトルの書店「サードプレイス」は、本屋の内と外、また、本屋内のカフェと本屋の境界が緩やかで、人と人とが出会いやすい場所となっていた。ポートランドの書店「パウウェルズ」は、一ブロック丸ごとが書店という巨大な空間で、中にまるで食堂のような大きなカフェがあり、購入前の本を持ち込んで読むことができた。そこには図書館に近い公共性が備わっていて、こういう場所があれば町の風景は変わっていくのかもしれないと石井は思った。

帰国してみると、慣れ親しんだ福岡市の街が古い建物の少ないごちゃごちゃとした景色に見えた。むしろ見慣れた耳納連山と田園の変わらない風景の中でなら長い時間軸で本屋を営むことができるのではないか――。かいつまめば、石井が本屋を始めたきっかけはこういうことになる。

MINOU BOOKS
福岡県うきは市吉井町1137
MINOU BOOKS久留米
福岡県久留米市小頭町10-12 1F

その頃、福岡市ではデザイナーやクリエイターが集まって、街と暮らしをデザインの視点で捉え直す試みの展覧会が始まっていた。石井は写真スタジオのアルバイトなどをしながら展覧会の実行委員会にボランティア参加した。活動を通して思い返したのは、アメリカで見た本屋と、本屋が街の中で欠くことのできない機能を果たしている風景だった。そして、街と暮らしについて考える本屋のアイデアをあたため始め、ブックスキューブリックの大井実に相談に行った。アメリカで見た本屋を地元の田園風景の中で実現したいと思ったとき、ブックスキューブリックの運営を参考にしたいと考えた。ブックスキューブリックは二〇〇一（平成一三）年に開業して十年が過ぎていたが、美しくデザインした空間に本を並べるというアイデアはなお斬新に感じられたのだ。

「本屋をやりたいんですけど」

と言う石井を、

「本屋をなめるなよ。企画書ぐらい書いてきたらどうなんだ」

大井は突き放した。

いやいや、なめてないし、と石井は発奮。大井のもとに相談に通い始める。

石井に対する大井の助言はこうだった。

「どうせやるなら社会の動きとリンクする新刊本がいい。本屋をやるなら新刊書店だろう」

そして計画は動き出す。雑誌を取り扱いたいと石井は思ったが、それには取次との契約が必要だ。

そこで大井がひと肌脱いだ。

石井の開業に際し、大井がトーハンの旧知の社員に保証金を下げるよう掛け合った結果、石井は契約保証金を五十万円にまで抑えて契約することができた。そして、「新刊はどんどん注文したくなるものだが、動きが悪いものはしっかり返品する」といった棚を管理する基本的な心得や書店業独特の帳簿管理など、大井は実践的なノウハウを大井は石井に事細かに教えた。大井から授けられた具体的な運営の技術は開店後の石井を助けることになる。

「吉井町にいい本屋があるんですよ」

ブックスキューブリックで大井からこう聞いたのは、二〇二一（令和三）年四月、ブックスキューブリックが開業二十年を迎える直前だった。大井の近況や店を巡る状況について話を聞いたのだが、その中で大井は書店の出店をサポートする仕事について熱心に話した。

「五、六年前になるかな。二つの本屋の開業を手伝ったんですよ。ひとつは山口県のショッピングモールで、もうひとつが吉井町。両方とも頑張ってたんですけどね、山口の方はうまくいかなくて、結局オーナーは店を閉められました。吉井町の本屋は地元の地域おこしにも一役買っているようです。いい本屋になったなあって感心してるんですよ」

　この二つの書店のサポートをした実績をもとに、書店開業に携わるようになったと大井は続けた。そして、契約を結んだ進行中の事例として「うなぎの寝床」の話をしたのだった。

「うなぎの寝床」については五章で書いた通りだ。

　このとき大井が話した吉井町の書店がMINOU BOOKSだ。竹田やモリより十五年近く前に独立書店を始めた大井には、自分の手で本屋をつくってきた自負がある。その大井がてらいなくほめるのだ。

　しかし現在の吉井町は洒落《しゃれ》た雑貨店やギャラリーが軒を連ねる観光地ではあるものの、その場所が果たして書店を出店するのに適しているかといえば、正直に言って、首を傾げざるを得ない。その年の夏の終わりに吉井町を訪ねたときも、実のところは半信半疑だった。

　ところが、古い町並みと調和する主張を抑えた外観に目を奪われた。店内には大きな窓ガラスから光が差し込み、天井から下がるペンダントライトや本棚にデスクランプの置かれた景色は心を落ち着かせた。地元の家具メーカー杉工場に発注したという木製の棚は、壁面には板材を使用しておらず軽やかだ。

　考え抜かれた空間に整然と本が並ぶ風景は美しかった。

　左右に細長い店内中央部につくられたレジとカウンターコーナーにはサブレやクッキーを

詰めたガラス瓶が並び、お茶の時間へのときめきを誘う。オリジナルの焼き菓子は腕のいいパティシエと組んで出している。右奥の一角に、テーブルが四つ。

目の前の路地をヘルメットを被《かぶ》った中学生が自転車で通り抜けていく。店の奥のカフェでは女子中学生が二人、桃のソーダを飲んでいる。そこへ、高齢の女性が注文していた本を取りに来た。町の人たちの暮らしに溶け込んでいる本屋であることは、店主に確かめるまでもなかった。

この場所で本屋を始めたことには子ども時代の体験が関わっていると石井は話した。

「都会と田舎では情報量に圧倒的な差があります。就職するにも選択肢は少ないし、どんな世界があるかを知らずに社会に出ていくことになる。僕自身、高校を卒業して就職するときがそうでした。でも、本は行くことのできない場所へ連れて行ってくれるし、知らなかった考えに出会わせてくれる。一冊の本を読んだことで、見ていた景色が変わることがあるんです」

本棚のある家の子どもが自然と本を読むようになるように、町に本屋があると子どもたちにとって何か違うものをもたらすことができるのではないか。だから「暮らしの本屋」をコンセプトにしようと石井は考えた。

もっとも、開業当初は本屋で地域を変えようと意気込んだという。しかし今は町おこしや地方創生といった考えからは距離を置いている。ひとつの出来事が、吉井町を観光の視点で捉えることへの違和感をもたらしていた。

「吉井町の白壁造りの町並みを売りに集客するイベントを企画したことがあります。各店が店先に古書を並べた箱を置き、並んでいる本の内容からそれぞれの店主の人となりが見えてくるような古本市です。また、小さな町の中で本が循環していくような仕組みができたらいいとも考えました。反響はありました。ところが、周囲からはこのイベントを町おこしの文脈で捉えられてしまいました。でも、それは何かが違うと思いました」

「……。何が違ったんでしょうか」

「ぼくはこの町の暮らしと本をつなぎたかったんです。つまるところ、お金を落としていく人を外から呼び寄せるやり方は、この町の資産を消費するようなものなんですよ。美しい町並みを吉井町の資本と捉え、町並みを使って外から流入する外貨を稼ぐのが町おこしだとするなら、いつか人々が去った後に町に一体何が残るんでしょう。そうではなくて、この町の人たちがここに暮らすこと自体に意味がある、そんな町の内側から湧き上がるような力をつけていくことこそ大事だと思うようになりました」

「でも、吉井町は観光地でもありますよね。実際、この美しいデザインの書店をめあてに来る人は少なくないでしょう？」

「それはそうです。週末には都市部からの来店客で売上は平日の一・五倍になります。それがありがたいことは確かです。でも、やっぱり僕がいちばん大切にしたいのは、この田園地帯に根ざして生きる人たちにとっての暮らしの本屋なんですよ」

だが、石井はそうは言うけれど、私はすでに腕利きの書店主たちを取材し、書店業の容易ならざることを身に沁みる思いで聞いている。観光客だって大事な客ではないかとの言葉が口を突いて出そうになったが、呑み込んだ。それは石井の本気を次のエピソードで思い知ったからだった。

開業当時、石井は十六席のカフェコーナーをつくった。地元産の若鶏を使ったサンドイッチをはじめ、吉井町でとれる食材によるメニューは人気となり、都市部からの来店客で混雑した。だが、若鶏を焼くことに追われている自分に気づいたとき、自分がつくりたかったのは本屋であってカフェではないと思った。そして、カフェの粗利益は本の二倍だというのに、石井は席数を半分に減らしてしまった。

6

コロナ禍においても三人はそれぞれに自分のやり方で手を動かしていた。

東京では二〇二〇（令和二）年四月にいち早く緊急事態宣言が発出した。双子のライオン堂には遠方の常連が足を運ぶことができなくなり、読書会は中断を余儀なくされた。だが、思いがけない客を迎えることになった。赤坂の住人たちが、この不思議な書店の存在に気がついたのだ。双子のライオン堂のある六本木と赤坂の谷あいには、大手ＩＴ企業やテレビ局で働く人たちが多く暮らしている。リモートワークになり、昼間に地元を歩き、街並みに目を向けるようになった彼らは、風変わりな青い扉を開けて一歩足を踏み入れ、そこに広がる豊かな世界に魅了された。思想書や哲学書を何冊も積み上げるように買い求める人が続出した。店主の竹田信弥はオンライン上に独立書店を紹介するプラットフォーム「幻影書店街」をつくった。一店では控えめな存在の店でもプラットフォームにすることによって存在が知られる助けとなるようにと目論んだ。

東郷湖のほとり、汽水空港のモリテツヤとアキナは、コロナ禍で店を休業していた間、畑仕事に汗をかいた。店を再開する際、思い切って新刊を多く仕入れたところ、今までになく売れているという。いつの間にか、汽水空港に行けば思いがけない本に出会えると、県内外の本読みに知られる存在になっていたようだ。借りている水田では仲間九人を誘って一緒に身体を動かして米づくりをする楽しさを共有できた。この体験から「モーニングファーマーズ」というアイデアをあたためている。仲間はほとんど全員が外から移住してきた人たちだ。現代アーティスト、ミニシアター運営など、それぞれにプロジェクトを持つ彼らと一緒に午前中は農業をし、午後はそれぞれの活動をする「半農半X」の働き方をしようとしている。モーニングファーマーズを農業法人として登記し、農作物をオンラインショップで販売し、収入源にすることも考えている。

ＭＩＮＯＵ ＢＯＯＫＳの石井勇は、コロナ禍も淡々と店を開けて日々を過ごした。都市部からの客足は遠のいたが、近所の人たちが暮らしの本を買いにくる日常は変わらなかった。この頃、「民主主義を考える」というトークの会や、熊本県水俣市の水俣病歴史考証館をオンラインツアーするイベントを開いた。地域社会の課題を自分たちで考えようという問題提起を試みている。コロナ禍は個人と社会との関係を立ち止まって考える機会になったと石井は考えていた。新しい出会いもあった。元書店員が吉井町に移住し、石井の店でアルバイトとして働くようになった。彼女の発案により朝の読書会が始まっているという。

レールの上を走る人生を疑ってみる。過度な資本主義経済から距離をとる。自分の生まれ育った場所に対する責任を考える。

自分はどうやって生きるのが心地いいのか。自分と対話し、自分で考えるとき、本は心強い伴走者だという確信が、常識をはみ出した三人の本屋活動を支えたようだ。

三人の若い書店主の物語をたどる過程では、鳥取市で定有堂書店（二章）を営む奈良敏行のことが幾度となく思い出された。奈良は若い時期に「生きるということに非常に煩悶した」（『街の本屋はねむらない』アルメディア）という。その奈良も、三十歳を過ぎた頃、妻の故郷鳥取市で定有堂書店を開いた。以来、鳥取の地で本を通して鳥取に生きるさまざまな人たちと深い水脈を耕している。開業から二十年が経ちベテランの書店主となっていた奈良に書店業の教えを請うたのが、当時三十九歳の大井実だった。その大井が次世代の石井に十五年の経験で得た技術を伝えている。

この章で記した三人の若い世代が独立書店の系譜をたどるなら、奈良は原点となる人だ。

奈良の定有堂を訪れたのを機に書店を始める若者も現れた。その一人は三十一歳で京都市内の古民家に金土日だけの書店を開いた。そんな軽やかな本屋の歩き方に憧れる、と奈良は言った。

「書店経営が厳しい時代に、それでも『本屋がやりたい』という初発衝動にかられて動いてしまう。いいなあ、すてきだなあと思うんです」

時代の変化に呼応して、過去には備わっていたものが引き算されてコンパクトになる。その結果、この三人のような新しい世代が、今の時代を映した新しい本屋をつくろうとしている。そのことを奈良は好ましく見ていた。

大井が書店を始めたときでさえ、激励する人は同業の先輩である奈良以外にいなかった。十五年後の次の世代が対峙する「本を売る仕事」はきっともっと厳しい。それでも本を売る仕事を彼らは選んだ。

どんな本を選び、取り揃えているかは、書店主の探ろうとしている人生の歩き方そのものだ。それらの本をどのような空間に並べ、どのように本と向き合う心地いい場所を演出するか。どのように場所の魅力を伝えるか。それらの一連のこまごまとした作業を組み合わせて彼らが生み出した場所は、書店主の全存在を表現することになっている。

本屋を営むということは書店主の人生を賭けた表現なのだ。

終章

代わりのきかない場所

橙書店

熊本県熊本市中央区練兵町54

1

快晴の冬空だったが、その日、風が吹いていたかは思い出せない。健軍《けんぐん》方面行きの市電は熊本市東部に向かって進んでいた。古い木の床の車両は細長く向かい合わせに席が取られていて、向かいの席に喪服姿の女性が座っていた。もしやと思ったところ、やはり女性と私は同じ動物園前の電停で下車した。電車通りから路地へ進んでいく女性に続くように私も歩いた。知らない人だったが、同じ喪失感を共有しているのだと思うと身近に思えた。

住宅街の路地のつきあたりに山門が見えた。大きな立て看板に今日の主役の名前が大きく黒々と記されている。その脇の掲示板に、見覚えのある手書きの字による次の言葉が掲げられていた。

世界が不景気になったから
自分は不幸になったとか
日本は世界で一流国となったから
幸せになったってなことは一切ない

僕の生涯の幸福というのは
一切そういうのとは
関わりがなかったの

渡辺京二

いつ、どのような経緯でこの大きな文字を書いたのか。自身の葬儀の会葬者をこんな自筆のメッセージで迎える洒脱な去りように、あのニヤリとした笑顔が浮かんだ。
棺《ひつぎ》の中の渡辺は足元の方からのぞき込むと苦しみが残っているように見えなくもなかったが、頭の方に立ってもう一度見ると、うっとりと微笑《ほほえ》んでいるようだった。九十二歳の亡《なき》骸《がら》は美しかった。

その日、私は十九歳の女の子の暮らす東京近郊のアパートにいた。熊本市の慈恵病院が取り組んでいる内密出産を希望して熊本に一人でやってきた彼女は、病院の人たちにあたたかく迎えられたあと意志を撤回し、自分で育てることを選んだ。私はインタビューをしたことがきっかけで、彼女と赤ちゃんの住まいにたまに遊びに行くようになっていた。ふたりと一緒に過ごしていた午後、家族から届いたＬＩＮＥは渡辺の訃報だった。二〇二二（令和四）

年十二月二十五日のことだ。

日本で初めての赤ちゃんポスト「こうのとりのゆりかご」を始めた慈恵病院前理事長蓮田《はすだ》太二《たいじ》の父善明《ぜんめい》について、私は渡辺に意見を求めたことがあった。国文学者蓮田善明は熊本市北部の植木町出身で、幕末から維新直後に熊本で生まれた思想革命集団神風連《しんぷうれん》の影響を受けたといわれる。渡辺には、四十代だった一九七七（昭和五二）年に記した『神風連とその時代』（葦書房）という著書がある。そしてさらに、渡辺は一九六二（昭和三七）年に蓮田善明論を評論誌『思想の科学』に発表していた。私は善明の次男太二への神風連の思想の影響の有無について渡辺の考えを尋ねたのだった。それについて明確な答えを渡辺は語らなかったが、私が慈恵病院の取り組みを取材していることについて「いいテーマを見つけたね」と企むような表情を浮かべた。そんなとき、渡辺は編集者の顔になる。その後、核心に近づくにつれて取材は重量級になっていき、コロナ禍も重なって一年ほど渡辺を訪ねることができずにいた。突然の旅立ちに、渡辺に読んでもらいたかったのに間に合わなかったという思いと、もっと相談したいことがあったという後悔がこみ上げて泣き出した私を、女の子と赤ちゃんがびっくりしたような顔で見ていた。

京都で生まれ、少年期を戦時下の中国大連で過ごした渡辺は、敗戦後、両親の故郷熊本に居を移し、旧制五高時代に肺結核を発症、結核療養所で四年を過ごしている。その頃の体験を記した『小さきものの死　渡辺京二評論集』（葦書房）は渡辺の初期の作品であり代表作でもある。熊本の地でいくつもの文芸誌や批評誌をつくっては潰したが、その中のひとつ『暗《くら》河《ごう》』で石牟礼道子《いしむれみちこ》の原稿を掲載し、それはのちに『苦海浄土』となって世に送り出された。一九九八（平成一〇）年に福岡の葦書房から出版した『逝きし世の面影』が二〇〇五（平成一七）年に平凡社ライブラリーに収録されベストセラーになるとその後、渡辺は七十代にして同時代の羅針盤的作家となった。だが実は渡辺は優れた編集者で、才能を見つけ、人をつなぐ名人だった。

用事もなく私は渡辺を訪ねた。それは年に一、二回、実家に帰った折りなどだったが、そのたびに、小柄な渡辺の小さく形のいい頭の中にどれほどの知識と教養が折りたたんでしまわれているのかと圧倒された。しかも聞き惚《ほ》れる語り下ろしで、訪ねればあっという間に時間が過ぎた。私はぽかんと話を聞くばかりだったが、ひとときはただ楽しかった。

「あの人ばっかりは絶対、死なっさんて思っとったばってんねぇ」

式の開始を待つ人たちの間からこんなつぶやきが聞こえた。僧侶の読経が始まり、前の席で橙書店《だいだいしょてん》の田尻久子の薄い肩が震えていた。

亡くなる前日まで取材を受け、変わらぬ様子だったこと、夜中に咳き込む声が聞こえたこと、朝、起こしに行ったところ、すでに息が切れていたことが渡辺と同居していた長女山田梨佐から語られた。最後に受けた取材は、年明けにＮＨＫでドキュメンタリーとして放映されるという。最期までまるで演出したかのような旅立ちだった。

葬儀が終わり本堂の外へ出ると、詩人の伊藤比呂美と田尻が互いを抱きしめて泣いていた。背の高い二人の女性が全身で悲しんでいる黒いシルエットに、改めて喪失が迫った。

「この人がねえ、あなたのことを知ってるって言うのよ。あなたはすごく美人だけど全然相手にしてもらえないって言ってるよ。せっかくだから、紹介するからさ」

田尻に向かって突然渡辺が話し始め、私はうろたえた。

熊本市の繁華街下通《しもとおり》から脇に路地を入った裏通りにある喫茶店に渡辺に連れられていったときのことだ。田尻はこの喫茶店orangeの店主で隣接する橙書店も経営している。

渡辺に縁を得たのは二〇一四（平成二六）年、ニュース週刊誌の取材がきっかけだった。六ページというまとまったページで、インタビューは何度かに分けて行う。健軍神社の裏手にある自宅を訪ねてのインタビューが回を重ねたある日、渡辺が自ら淹れてくれたコーヒーを飲みながら話をしていたときのことだった。

「下通からちょっと入った路地に喫茶店と本屋が一緒になった店があるのよ」

と渡辺が話し出した。

その店へは私は娘と時折立ち寄っていた。

私は熊本で生まれたが、幼稚園を卒園する頃に引っ越している。高三で再び家族は熊本に戻り、私は市内の高校に転入した。十八歳の集団はすでに人間関係が完成していて居心地のよい場所とは言えず、その分、街を歩いて気を紛らわせた。下通から脇に曲がったところに細い路地があり、そこには終戦直後に建てられたバラックがくっつくように並んでいた。周囲にはにょきにょきとコンクリートのモダンな商業ビルが建つというのに、そこだけが時間が止まったような風景だった。その通りには鴨居羊子《かもいようこ》の下着ブランド「チュニック」を取り扱うカラフルなランジェリーショップやNY帰りのファッションデザイナーの店があった。画一的な流行を跳ね飛ばすような自由な雰囲気に惹かれて、用事もないのにその通りを歩くのが私は好きだった。

熊本を離れてからも、帰省して繁華街に出かければ、その通りを抜けて行くのはもはや習慣のようになっていた。だから、orangeと橙書店のある景色にも自然と親しんでいたのだと思う。

四十歳を過ぎた頃に家族で中国・北京に移り住んだが、二年後に上の娘は日本の高校で学ぶことを希望し、熊本に暮らす私の両親の家に下宿して転校した。ところが東京で育った娘は、熊本で初めて男女別々の名簿をはじめとする「女子は男子のあと」という文化に接し、ショックを受けた。学校をサボって福岡まで遊びに出かけたりして深呼吸を試みていたが、昭和ひと桁世代の祖父母との生活でも摩擦が起きるなど、息が詰まったようだった。私が会いに行った折りにはふたりで街をぶらぶらと歩き、お茶を飲んで過ごした。その時期、娘とふたりの時間を心地よく過ごさせてくれたのがorangeだった。

がたぴしと音のする引き戸を開けるとオフホワイトのペンキで塗られた空間が広がる。雑貨のコーナーがあり、右手に低いソファの席、壁際には壁に向かって横並びに座ることのできる椅子席があった。入り口の正面奥に小さなカウンターキッチンがあって、いつも常連客が陣取っていた。そこに誰かが座っているとき、田尻は調理する手を動かしながらも気を入れて話を聞き、答えを返していた。カウンターに座る人たちはコーヒーを飲むのではなく田尻と話すためにきて木戸銭を払っている、そんなふうに見えた。店には白玉《しらたま》という名前の白い大柄な美猫がいた。白玉は気が向けば客の近くにいたり、ソファ席でうたた寝をしたりしていた。ゆったりとした雰囲気の店内で、娘と私は壁際の席に並んで座って白玉のように居眠りをしたことがあるが、田尻は注意するわけでもなく放っておく店主だった。それが気遣いからなのか、興味がないからなのかわからなかったが、私たちにはありがたかった。

だが、感謝の気持ちを伝えるには田尻は近寄りがたく話しかけづらい。私がそう話したのを、渡辺が私の目の前で田尻にしゃべってしまったのだ。

ともあれ、その日を境に少しずつ田尻との距離は近づいた。

2

orangeの隣に橙書店があった。壁を隔てているが、キッチンの横の壁が小さくくりぬいてあり、田尻は長身をかがめてorangeと書店を行き来していた。古材を組み上げた本棚が壁面を覆い、入り口近くに設けられた平台も、座って読める小さなびろうど張りの椅子も、どれも時間が経過した品々だった。海外文学や日本の小説、芸術、エッセイなどは全て田尻が自分で選んでいた。橙書店で初めて私が買った本は『ジャコメッティ』(矢内原伊作、みすず書房)だ。イタリアの彫刻家ジャコメッティが好きで買い求めたのだが、のちに親しく会話するようになったとき、私がこの本を選んだことを田口は記憶していた。私に対してだけでなく、店を訪れた人たちがどのように本を選び、読むのかについて、田尻は不思議とよく記憶する人だった。

三十二歳だった二〇〇一(平成一三)年に、田尻は勤めていた会社を辞めてorangeを開業している。

あるとき、熊本近代文学館の職員がイベントを主催した際、詩人の伊藤比呂美と雑誌『SWITCH』編集長の新井敏記《としのり》をorangeに案内した。不思議なものだ。田尻と出会った二人は短い言葉で田尻に同類の匂いを察知し、伊藤は主宰する「熊本文学隊」という活動の事務局を、田尻に引き受けさせてしまった。

orangeに隣接する店舗はブティック、健康食品の店、夜の店で働く女性のコスチュームショップなど、しょっちゅう店子《たなこ》が入れ替わっていた。ある年の瀬、また店が空いたのをみて、常連客たちが「ここに本屋があればいいのに」と言い出した。田尻もそう思った。そして田尻は本当に本屋を始めようと思い、年明けには銀行との話をつけてしまった。新しく借金を増やして隣で本屋を始めるにあたり、田尻は一軒ずつ出版社に電話して、取引をしてもらえますか、と聞いたという。

「『できますよ』とすぐに応じてくれた出版社もあるし、取次を通さないといけないと断られたところもありました。いろいろでしたけど、面白かった」

田尻は簡単に言うが、出版事情はもとより書店業界の商習慣を知らない田尻が、熊本から東京の出版社に電話をかけるのはハードルの高いことだっただろう。それは度胸があるというよりは、それほどに本屋を開こうという気持ちが定まっていたのだろうと思える。

渡辺がホストを務めた対談集『気になる人』(晶文社)で田尻にインタビューした回を読む

と、書店の広さについて六坪だと田尻は話しているが、思い返すその空間は、もっと広く奥行きがある。天井が高かったせいもあるかもしれないが、心を広げてくれるような本が並んでいる場所だったからではないかとも思う。

少女の頃に本をよく読んだ田尻は、本を扱う仕事について渡辺から問われて「とても楽しい」と答えてもいる。「読んだあとせつなくなる本を女の子にあげたい」「おかあさんがいつも忙しくしているので、たまにはゆっくり本でも読んでほしいという気持ちで贈りたい」「落ち込んでいる友人に心が軽くなる本を贈りたい」など来店客の相談にのり、本を勧め、次に同じ客から「あの本、よかったです」と言われると、まるで自分がほめられたようにうれしいのだという。そんな書店主を作家が信頼しないはずがない。

そのうちにorangeでは英米文学研究者の柴田元幸が小さな空間に集まった三十人に向けた朗読会を開いたり、池澤夏樹がトークイベントをしたり、谷川俊太郎が壁面に字を書きつけたりするようになった。それも、田尻が企画したわけではなく、いつの間にかそのような運びになるというのだ。

ある夕方、帰省してorangeに立ち寄ると、作家の姜信子《きょうのぶこ》が全国を旅する浪曲師と組んで浪曲をうなるというので後ろの席に座らせてもらった。小さな空間は二人の掛け合いでしっとりとしたりクスクスと笑いがほころんだりしながら温まっていく。ふと後ろを振り返ると、田尻が壁にもたれかかり小さなテーブルで帳簿をつけながら客と一緒にあはあはと笑っていた。

　熊本出身の作家坂口恭平を田尻に紹介したのも渡辺だったと聞く。坂口は早稲田大学建築学科を卒業すると、路上生活者の住居を採集した写真集でデビューし、文筆活動を始めた。二〇一一（平成二三）年の東日本大震災をきっかけに地元熊本に活動の場所を移し、二〇一五（平成二七）年に、坂口と田尻の両方を知る渡辺が「知り合っておくといいから」と引き合わせた。その頃坂口は双極性障害に苦しみながら試行錯誤していた。やがて坂口はorangeに来て原稿を書くようになった。書き上げるとその場で田尻に向かって音読する。鬱状態で家を出られないときは書いたものを電話越しに読み上げた。

　二〇一六（平成二八）年春には文芸誌『アルテリ』を創刊する。渡辺が田尻について「彼女はね、事務処理能力が高いんだよ」と感心するのを何度聞いたことだろう。渡辺は田尻が複数の帳簿を管理していることに驚嘆していた。雑貨、カフェ、本の三つの事業を仕入れ、接客から売上管理まで田尻は一人で切り盛りしている。田尻を見込んだ渡辺が、「あなたは何もしなくていいから」と文芸誌づくりの仲間になるよう口説いたが、実際に田尻が発行人を務める流れとなったのは、田尻曰く「だって、手を動かす人が誰もいなかったんだもん」。この企画にしても例によって田尻が手を挙げたのではない。

石牟礼道子と渡辺京二、坂口恭平をはじめとする熊本の書き手たちの息遣いの感じられる創刊号は初版一〇〇〇部が完売し、二度増刷した。

その直後、桜が開ききった四月、熊本を大地震が襲った。熊本城の堅牢な石垣が崩落し、城下町にあるorangeと橙書店も地震による建物の歪みから雨漏りがし、本が濡れた。非常事態に、絵本作家黒田征太郎は連日のように絵はがきを送り田尻を励ました。坂口恭平は実はCDも出しているシンガーなのだが、坂口は東京でライブを開催し、売上を橙書店の再開資金にしてほしいと申し出た。

『アルテリ』二号の編集作業に入ろうというときで、予定通り八月に第二号が出版される頃には田尻は疲労困憊《こんぱい》ですっかり痩せてしまった。orangeと橙書店の移転に踏み切ったのはこの頃と前後する。繁華街を抜け出た隣町の古いビルの二階、それが現在の橙書店だ。

大きな窓から街路樹が見える。

道路の向かいにはコンクリートの塊のようなビルが立つが、広々とした窓と緑のせいか、風が吹き抜けるような感じがする。

坂口恭平のほっそりとした字で橙書店と書かれたガラスのドアを引くと、元バレエ教室だったという正方形に近い空間がぽっかりと開ける。右側に本棚が組み上げられ、左には広々とした窓。ドアのすぐ左にはカウンターキッチン。田尻と話したい人たちの止まり木が用意されている。

「ずっと前からここでやっていたような気がするんですよね」

と田尻が言う。以前の店とは間取りも景色も違ってはいるが、そこはすっかり橙書店だった。

引っ越しには大勢の常連客が入れ代わり立ち代わり手伝いにきて、店はむしろ混雑したと田尻が笑った。

3

私は坂口恭平を待っていた。

コロナ禍になって二度目の夏だった。

「ここでずいぶんたくさん書いたよね。二〇一八（平成三〇）年ぐらいまではほとんどの作品をここで書いてた。そう、移転する前のorangeの頃から（田尻）久子さんに読んでもらってどうにか自分を保つって感じだったから。だから俺の中ではここは本屋というより書く場所なんだよね」

ラフなシャツを羽織った坂口が現れた。坂口は橙書店から歩いて二分ほどの場所で私設ミュージアムを開設する準備のただなかだ。その坂口に、田尻との関係を聞こうとしていた。

「あの頃、俺、双極性障害がほんとにひどくて辛い時期だったんだよね」

あの頃とは互いが渡辺に紹介された二〇一五（平成二七）年頃を指す。

「自分でも頭の中にあるものが何なのかわからないんですよ。『わからないものをわからないままに、とにかく身体の中にあるものを出しなさい』って言ってくれたのが久子さんなんだよね。『いいとか悪いとかじゃなくて、とにかく出すのよ、出したものは捨てないようにしなさい』って。頭の中が砂漠で何も書くことができないって久子さんに言ったら『砂漠のようだってどういうことなのか、経験がないから私にはわからない。だからそれを書いて』って言われた。それで初めて、じゃあ砂漠を書けばいいのかってなって、実際、砂漠の話になったんだけど」

「実際に言葉にしてみてどんな感覚が残ったんですか」

「それまでは、僕はなんでこんなに辛いんだっていう文章だったのに、『その砂漠は』って砂漠を主語にしたらいきなり、これなら書けることがわかった。しかも、そうやって書くことによって、辛いとか辛くないといった感情がなくなってきた。これは僕の中で感覚がとんでもなく転換した出来事なんですよ。このときを境に書く姿勢が変わっていったわけですからね。もちろん、苦しいということは変わらないわけだけど、鬱が明けていくところまでつながっていったんだよ」

そうして書かれた小説『現実宿り』（河出書房新社）は、人間がいなくなった砂漠で砂が書き、語るという物語だ。双極性障害に苦しむ坂口の頭の中をのぞき見るような静かな透明感が、読む側に迫ってくる。渡辺京二は坂口の小説家としての文章構造の端正さや独自の表現感覚を高く評価していた。渡辺や小説家保坂和志など玄人の読み手に高く評価されたこの作品に、田尻は伴走していた。

「毎日十枚書いて久子さんに読んでもらうでしょ。俺が面白く書けたと思って送ると、『うーん、これ、ちょっとうまく書けすぎじゃない？』って言われる。それより、俺が鬱で苦しいときの、自分でも何を書いているかわからないような、ほとんどわかんないけど、文字がちょっと見えてからその文字を定着させた、みたいなときのリアクションがよかった。『だいじょうぶだから書きなさい』って言ってもらえた」

坂口はこの時期の自分の頭の中にある得体の知れないものをわからないままに書き進んでいく体験を通して、「書くこと」について会得があった。

「もう戻りたくないくらいに双極性障害が辛い状態だったけど、とんでもなくクリエイティブだったよね。結局、いちばん苦しかったときに書いたものが、いちばんクリエイティブだったってことなんですよ」

長く苦しんだ末に、坂口は創造における自分なりのひとつのやり方をつかんだ安堵《あんど》と自信を手にしていた。

「今は完全に自立して書けるようになった。でも、今も全部書き上げたら久子さんに最初に読んでもらう。それは変わらない。昔、本屋と編集者って一体化してたでしょう。ジェイムズ・ジョイスとシェイクスピア・アンド・カンパニー書店の女主人の関係がそうだったように。久子さんとの関係を通して、こうやって一生つき合っていく人を見つけるんだなあって思ったよね」

アメリカ人女性シルヴィア・ビーチが一九〇〇年代初頭にパリのセーヌ川左岸で開いた書店、それがシェイクスピア・アンド・カンパニー書店だ。若く貧しい書き手に宿を提供し、ヘミングウェイ、フィッツジェラルド、マン＝レイなどがここで長く過ごした。ジョイスの発禁処分となった『ユリシーズ』の続刊を引き受け、その後も多くの思想家や表現者の活動を支えてきたことで知られる。

坂口が田尻と出会ったように、熊本には作家と、作家を支える編集者が人生をともに生きる風景が以前からあった。渡辺京二は石牟礼道子を発見し、石牟礼の生涯の全てを通して支えた。その関係性を引き継いだ田尻と橙書店は、熊本の文芸史を昭和から平成、そして令和までまたがって五十年を超えて俯瞰することになる。

『アルテリ』の計画が具体的になる少し前のことだったと思う。渡辺が雑誌をつくりたいと意欲を口にするのを聞いたことがあった。雑誌をつくりたい、雑誌とともに人が集まる場所が必要だと渡辺は話した。その後、田尻が雑誌づくりを引き受けて『アルテリ』が誕生する。そのときすでにorangeは熊本で表現する人たちの場所となっていたが、「アルテリ編集室」という機能が加わったことによって輪郭がさらに鮮明になった。

渡辺が水俣病闘争を率いた一九七〇年代、熊本には闘士たちが集まる「カリガリ」という店があった。そこで侃侃諤諤《かんかんがくがく》の議論がもつれて渡辺が「表に出ろ」と凄《すご》んだことは一度ならずあったという。渡辺は舌鋒の鋭さからカミソリ京二と呼ばれていた。だが、そんな場所があったおかげで人は顔を突き合わせて喧嘩することもできたのだと、渡辺は「場所」のあることの大切さについて語っている。

半世紀近い時間が経過し、今は橙書店がその「場所」になった。そして、『アルテリ』から幅を広げ、絵本『じべた』(谷川俊太郎・黒田征太郎)や『100ものがたり』(いしいしんじ)を出版した。

「久子さんもアルテリに書く人たちも、それぞれに自分の仕事を一生続けていくことを決めている人たち。いいときもあれば悪いときもある。悪いときに助け合うことができればうれしいし、そういう関係は素晴らしいと思う」

坂口は二〇〇〇年代には東京で作家活動に入っているが、本格的に小説表現の模索を始めたのは、熊本に戻ってからだという。

「熊本に戻って地面の上で生きてきた先人や相棒との出会いがあって、橙書店という場所で文字の塊が身体の中から出てくるようになった。言葉って何だろうということを気づくきっかけになった。僕にとってはそれが熊本だったけど、それぞれの人がそれぞれの地面で自分を見つめることからしか本当のものは生まれてこないんだろうと思う」

私も田尻に助けられたことを思い出す。福岡・中洲の夜間保育園に関するルポを書こうとしていた時期のことだ。私は子どもを預けて働く選択をしたことについて苦しんだ時期があったのだが、夜働く母たちはかつての自分など比べるまでもなく圧倒的にたくましく、同時に深く苦しんでいた。彼女たちを取材することはかさぶたを引き剝がす痛みがともなった。痛みがひどくなると私は博多から熊本へ向かい、渡辺を健軍の自宅に訪ね、帰りに橙書店へ足を延ばした。

田尻に具体的な悩みを打ち明けるわけではなかったが、取材で行き詰まっていることを察したのだろう、あるとき田尻に「この本、読みました?」と、『さいごの色街　飛田』（筑摩書房）を教えられた。ノンフィクションライター井上理津子が四十代の十年をかけて飛田新地に通い、あの場所で生きる女性たちの人生を写し取ったルポだ。取材を始めて二年が経過し焦っていた私は、井上のかけた時間、描き上げた豊かな人生模様、そして哀しみをもユーモアに昇華させた書き手としてのスケールに打たれ、気持ちを奮い立たせた。またあるとき、やはり行き詰まって立ち寄った私は、田尻と目が合って話し始めた途端に涙がこみ上げて困ったときがあった。その私に田尻がかけた言葉は思いがけないものだった。

少女期に母が蒸発したのだと田尻はさらりと言った。そして田尻はにこっとしてこうつけ加えたのだ。でも、私、母のこときらいじゃないんですよ。

中洲の母親たちの葛藤は深かった。人生の理不尽さへの恨みや怒りなど、やるせない感情を体内に溜め込んでいた。母親たちは必死に一日一日を生き延びていて、また、真夜中に母親に抱かれて帰る子どもたちも頑張っていた。だが、幼い子どもの体内時計と夜働く母親の生活リズムが合わず、子どものストレスが極限状態になっている場面に胸がふさがれることもあった。母親の必死さがわかるだけに、子どもにはどうか自分の環境をプラスに受け止められるようにと願うものの、正しい答えが見つかるわけもなく、おろおろと立ち尽くしているのを田尻は察したのだろう。たったひと言の対話だったが、田尻は「子どもには親を許す力がある」と伝えようとしているように私は受け止めた。「だから心配せずに書き進んだらいいのよ」と言われたようなその場面は、その後も書いていく途中で幾度となく思い出され、田尻の深い優しさにあたためられた。

その後、田尻は文才に注目した編集者からの猛烈なアプローチによりエッセイを書き下ろし、立て続けに四冊が世に出た。どのエッセイでも橙書店と田尻の日常が描かれ、登場するのは普段の暮らしや橙書店で田尻が関わりを持つ無名の人たちだ。何気ない毎日の中でその人たちと心を通わせる風景を読み進めていくうちに、なぜ、田尻が坂口の痛みを理解し、編集者以上の編集者として伴走することができるのかが理解される思いがした。

『橙が実るまで』（スイッチ・パブリッシング）には少女期の家族の情景が書かれている。家の中に吹いた嵐やその後にどう家族が生きたか、そして少女だった田尻の心の動きを淡々と静かに描いている。悲しみや怒り、孤独や反発といったさまざまな感情を、多感な十代にどのように扱ったらいいのか。苦しかっただろうと想像するが、そうした時期にも田尻は本を読み続けていた。

夏休みになると弟とともに預けられた祖父母の家の近くにあった商店街の本屋。また、自宅そばまで移動図書館の車が運んできた本たち。田尻のそばにはいつも本があった。

「本を読むことで人は他者と距離をとることができる」と言ったのは渡辺だった。親や自分をさえ距離をおいて他者として見ることによって、人は精神が大人になる。自分を客観的に見て自分を愛することができるようになる。田尻は本を読み続けることで自身や置かれた環境を距離をとって見る術を身につけたのではないか。

痛みを知る田尻は、弱い立場に置かれた人や傷を負った人を察知し、その人が求めれば、黙って本を差し出し、泣きたい人には窓際の席を案内する。

田尻が三十二歳でorangeを始めるまでのいきさつを聞いたことがある。会社勤めをしていた二十代、若い女性だという理由から、事務職なのに営業の接待要員として駆り出されそうになった。社長との会食に秘書業務と称して引っ張り出されたこともあった。そのような場所で折り合えず、いずれ会社員を辞めて自分で商売をしたい、そのときに役立つだろうと、二十代の終わりに未経験ながら別の会社の経理職に応募した。入社時期が決算期に重なり、産休に入った前任者からはほとんど引き継ぎがなく、独力で帳簿に向かい合い経理業務を覚えた。三十一歳でその会社を辞めて翌年に始めたのがorangeだった。

orangeで雑貨のコーナーに少しだけ本を取り扱っていたのが、六年後に突然橙書店を始め、その後、雑誌の発行人になり、エッセイを書くようにもなった。田尻の文才を最初に発見したのも渡辺京二だ。渡辺の主宰する文芸誌『道標』二〇〇九（平成二一）年夏号で田尻は「街に小さな本屋が在るということ」というタイトルで、橙書店を始めた経緯と小さな本屋が街にあることの豊かさについて、少女期の本との出会いを振り返りながら記している。橙書店を開業した一年後だ。やはり渡辺は才能を発見する名人だ。

理不尽な人生を自分の思うように生きようとするとき、本は力になる。ただし特効薬ではない。読み続け、考え続けていった時間の経過が、その人の人生を支えている。そのことが、あるときわかるのではないかと思う。

本屋は儲かる商売ではないと多くの人が言う。中でも橙書店の場合、在庫の九割を買切にしていて、在庫は税制上は資産とみなされるため課税の対象となる。

「うちみたいなやり方はおすすめできないかなあ。やっぱり経営は大変だから」

と田尻は苦笑した。

「それでも結局、こんな儲からない仕事をしているいちばんの理由は、やりたくないことはやりたくないからなんですよ」

田尻は自身が読むに値すると思えた本と読みたい本だけを橙書店に並べている。小さな声で書かれた本と声の小さな人の側に立った本ばかりだ。

たとえベストセラーであっても自己啓発本は置かないし、気の進まないイベントを引き受けることはない。自ずと儲かることからは遠くなり、会計処理や請求書作成といった面倒な事務作業の一切について自ら手を動かすことになる。

「でも、それは意に沿わないことではありません。意に沿うことをやるための手段だから。そこは大きく違うし、心の底からやりたくないことはやらないで済むんです」

このように自立した生き方を選びとっていく際、少女期から本を読み続けてきたことが田尻の芯をつくり、手探りする時期を支えていた。

肥後猛婦《もうふ》という言葉がある。明治期、保守の色濃い風土で、虐《しいた》げられる環境の中から現れ、社会事業やフェミニズムを切り開いた熊本出身の女性たちを、評論家大宅壮一はこのような言葉で表した。田尻は字面から想像される勇ましさからはほど遠い、物静かな人だ。だが、立場や肩書きに関係なく一対一の関係を大切にし、強い立場におもねらず、他にはない場所をつくった矛盾のない生き方に、私は大宅が肥後猛婦と呼んだ人たちと共通する気風を垣間見る思いがする。

生まれた土地で土に触れながら初めて自分の中から言葉が出てくる。坂口は十年をかけた熊本での創作を通してそう確信していた。田尻もまた熊本で本を読みながら橙書店という場所を育ててきた。坂口と田尻が互いに呼応し影響し合いながら作品と場所は伸びやかに呼吸し続けている。

橙書店を知ってから、生まれた土地に再び近づいていく旅をしているような時間を過ごしてきた。その間、私もまた橙書店という場所に手を添えられていたことに気づく。熊本に橙書店があるように、どの街にもその土地の風土と人からしか生まれ得ない本屋という場所がある。それは代わりのきかない場所なのだ。

それぞれの現在——あとがきにかえて

　この本に登場する十一の書店を取材したのは、二〇一九年秋から二〇二二年の春にかけての三年近くの間だ。そのほとんどの時期がコロナ禍に重なった。振り返ると、対面取材が難しい時期だったにもかかわらず、あちこちに出かけていっている。受け入れてくれた書店主と周囲の人たちに、改めて感謝の思いが湧く。

　人と会うと命を落とすかもしれないという世界規模の災害にあったこの時期に、書店を取材できたことは幸せだった。これまでに経験のない孤独に追い込まれたとき、人は本と本のある場所を求める。それを間近に見ることとなったのがコロナ禍だった。

だが、未曽有の三年を経て再び街に往来が戻ったものの、コロナ禍明けからは、物価高の影響もあり書店の経営環境はさらに悪化したとの報道が続いている。

実際、この本に登場する書店主たちからも、売上は前年比で下がった、今年度は赤字になる、といった話を聞く。書店を巡る状況はさらに厳しくなった。それは一面では事実だ。

それでも、十一の書店の歩き方を書き終えた今、だから書店がなくなるとは思わない。彼らはこれまでもそのときどきで変化しながら本を紹介する仕事を研ぎ澄ませてきた人たちだ。実際にその街でその書店をめがけてやってくる読者に対して、本を選び、場所を整え、手を動かす実業を通して、彼らはそれぞれに自分の書店に合うやり方を日々チューニングしている。

本書でも出版業界の川上から川下までを貫く構造の問題は各章に出てくる。だが、それらの問題を掘り下げ、分析することに力点を置くことはしなかった。ネットに売上を奪われ、商いを小さくしているのは、書店業に限らない。この本に登場する書店主たちの本を商う姿には、業界や職種を問わない、働く本質がある。そう取材のある時期に気づいた。そして、筆者に役割があるとすれば、ひとつひとつの書店の日常や、書店主の本を手渡したいという思いを忠実に書いていくことなのではないかと思い至ったためだ。

彼ら十一の書店の二〇二四年春の近況を紹介したい。

取材の北端となった留萌ブックセンターでは、現在も変わらずに「応援し隊」と留萌振興局との毎月の作戦会議が開かれている。久しぶりに連絡をしたところ、懐かしい面々の朗らかな笑い声に接することができた。

今野書店は二〇二二年秋に地下一階のコミック売り場を閉じ、レンタルスペースとカルチャースクールに衣替えした。これはコミックの電子書籍化が進んだことに対応した判断だったと今野英治は話した。店としての売上減は背景にあるとしても、これは縮小なのか、変化なのか。過去に二度の厳しい局面を乗り越えた今野ならではの、状況に応じた素早い判断だったと私は思う。

定有堂書店は二〇二三年四月に四十三年間の営業を終えた。奈良敏行が、思いがけない病を得たことによる。閉店を判断したことについて奈良は、まだ闘えるのにリングにタオルを投げ込まれたような気持ちだったと喫茶店で私に語った。六月には鳥取県立図書館が定有堂書店と地域の読書の関わりを振り返るフォーラムを開催し、定有堂の不在を惜しんだ。閉店後もミニコミ誌『音信不通』の発行は続き、「読む会」は哲学の会や小説の会など、広がりが生まれている。奈良は「本屋」という生き方の集大成を見せてくれているかのようだ。

ウィー東城店では二〇二二年度、十数年ぶりに赤字を計上したが、その原因を探り対策を講じつつ、同時並行で庄原に新店舗を開業することになった。庄原とは東城町が合併される前の庄原市だった地域を指す。二〇二三年九月、現在の庄原市を構成する七つの地域のうち、東城は書店のある唯一の地域になった。庄原市にはウィー東城店ひとつしか書店がない。車で四十分をかけてウィー東城店にやってくる人たちから、庄原にも店を出してほしいと要望されたのがきっかけだという。庄原の市街地も他の地方都市のシャッター街化と同様に空洞化が進んでいるというが、そこに書店をつくり、あの曼荼羅のような「書籍」を真ん中に置いた図を、店の外に向けて開いてつなげていくことで、街が再び呼吸し始めるハブとなる、そんな書店づくりを構想している。地域の人たちに当事者として街に本屋を誘致する出資者となってもらうためにクラウドファンディングを行うという。二〇二四年五月開業予定だ。

コロナ禍以前のように活発なトークイベントを復活したのは、福岡のブックスキューブリックだ。経済性ばかりが幅を利かせて民主主義が脆弱《ぜいじゃく》になる一方の世の中に対し、本を読むことを通して胆力をつけていこうぜ、そう多種多様な書き手たちとの対談を通して大井は語りかけている。また、今年開業する予定の二つの書店の開業支援に携わっている。他方、大井が出店をサポートした「うなぎブックス」は二〇二三年八月に営業を終了した。二年で営業の中止を決めた理由を富永は「『うなぎの寝床』に来る人たちは好奇心の旺盛な人たちでしたが、その人たちに本への導線をつくることが難しかった」と話した。取材で富永から話を聞いたときには書籍という商品への新しいアプローチのように感じたが、書店業は「一筋縄ではいかない」商売なのだと改めて知らされる思いがする。なお、うなぎブックスに書店員として参加した本間悠は、二〇二三年十二月、作家今村翔吾が出資して佐賀駅構内で開業した「佐賀之書店」の店長に就任した。今村が作家デビューするきっかけとなった佐賀文学賞受賞のゆかりのある佐賀駅で書店を始めることを決意し、普段から自らのSNSで本の紹介を熱量とともに発信していた本間が、店長にと指名を受けた。新しい書店では、以前勤めたチェーン書店やうなぎブックスでの経験をもとに、パターン配本の利点も生かして店づくりをするつもりだと、佐賀之書店の開業直前に本間から受け取ったメールには意気込みが記されていた。

本屋Titleの辻山良雄は二〇二三年四月からNHKラジオ深夜便で本を紹介するコーナー

を担当している。同年にスタジオジブリが発行する月刊誌『熱風』で始まった辻山自身が書店を訪ね書店主と対話する連載は、初夏に単行本として出版される。本を紹介することに賭ける仕事を研ぎ澄ませてきた時間は、書評家、文筆家としての活動の領域をもさらに広げることになった。

コロナ禍に静岡県掛川市で産声をあげた高久書店は、コロナが明け、待ちに待った「走る本屋」を再開した。本屋を植える仕事をしようと決心して退職してから五年、書店業界が深刻な岐路に立たされたとの活字が新聞に躍る中だが、高木久直は無書店地域に本屋を植えていくだろう。

人々の集まりに制限がかけられなくなった今、東京・赤坂の双子のライオン堂には連日のように本を読む人たちが集い、本について語り合う場所が設けられている。竹田信弥の開く読書会は、その本について語ることだけを目的に人々が集まる。終了後の飲み会などはなく、潔いほどに本に主眼が置かれている。そのさっぱりとしたひとときは、むしろ本の力を際立たせて見せてくれる。

鳥取の東郷湖のほとりに佇む汽水空港には三人目の乗組員が加わった。モリテツヤとアキナが赤ちゃんを授かったのだ。家族が増えて、二人は新しい汽水空港のやり方に挑もうとしている。モリは鳥取市の定有堂の奈良に助言を得ながら、取次会社と取引を始めるつもりだ。本屋業を充実させながらも、田畑や里山など土に関わる活動も精力的に行おうと考えている。

福岡県うきは市でMINOU BOOKSを営む石井勇から福岡県久留米市に二店目を開業したとの知らせを受けたのは二〇二三年六月だった。こんな時代に気でも違ったのかと笑われそうですが、という石井の言葉には、先が見えない時代への覚悟とどこか明るさが感じられた。東京都心以外のほとんどの地域で人口減が進む中、大きな数字で見れば久留米市の人口は二〇〇五年から約三十万人で横ばいが続いている。その久留米市の中心部から書店がなくなり、書店を必要としている人たちはいるはずだと石井は考えた。久留米市の十分の一の人口のうきは市で本を商う石井ならではの着眼点だ。大書店が去ったあとの商圏に潜在する可能性は、小さな資本の独立書店だからこそ見つけられる視点だろう。だが、観光の町であるうきは市と久留米市では勝手が違うらしく、久留米店が開店してからしばらくの間、石井は予想以上に難しい新店舗の展開に立ち往生しているようだった。ところが。半年後の二〇二四年一月に受け取ったはがきにはこう記されていた。「お店の状況は相変わらずですが、困難なことが喜び、楽しみに変換され、とてもいい感じです」。なんと頼もしい言葉だろう。大きな数字の変遷からだけでは見えない小さく新しい書店が、確かに息づいている。

そして熊本市の橙書店。繁華街を抜けて古い建物の階段を上がりガラスの扉を押し開けると、カウンターの中の田尻久子が動かしている手を止めて振り返る。お帰りと迎えられ照れながら、全身から力が抜けてほっと深呼吸をする。代わりのきかない場所に戻ってきて安らぎを覚えると同時に、張りつめて駆け回っていたことへの無自覚に気づかされる。田尻は二〇二三年七月に五冊めとなる著書『これはわたしの物語　橙書店の本棚から』(西日本新聞社)を出版した。西日本新聞に連載された田尻の書評をもとにした書評集だ。公刊後、ペパーミントグリーンの美しい装丁の同書が都内のあちこちの書店で平積みにされている風景を見つけた。悲しみさえ温《ぬく》もりとともに伝える田尻の深い優しさに根ざした文章を、多くの読者が楽しみに待っている。田尻の本を手に取れば、例えば東京にいても城下町の小さな本屋の空気を吸い込んでいるような気持ちになる。

状況に合わせて店のありように変化をつけ工夫しながら書店主たちは本を手渡している。変わるべきは誰なのかと彼らの本を商う姿は私たちに問いかけてもいる。

ひとりで本と向き合うために、書店はなくてはならない場所だ。言わずもがなのこのことについて、骨の折れるテーマの取材をしていると身に沁みる思いがしている。事実を明らかにしづらい取材では最後は書き手が責任をとって見たものを検証して書かなくてはならない。自分を追い込み、たったひとりだと思わされるとき、それでも突き進むための背骨を支えてくれる、そして、具体的な知恵や手法が頼みになる、それが本だ。長い年月を通して読まれてきた本や、長い時間をかけて書かれ、編まれた本には、肚《はら》の力をつけるためのヒントが折り重なるように詰め込まれている。そしてなにより、先人や仲間がいるという安らぎを感じさせてくれる。

いうまでもなく、人はひとりで生まれてきてひとりで死んでいく。横並びの平均値ではなくいろんなひとりひとりがいるのを認めるのが民主主義だとすれば、私たちの暮らす世の中にはたくさんの歪みがある。その歪みを声を小さくされた人の立場から教えてくれる本を取り揃えて待っている、そんな書店ばかりを取材した三年だった。

取材した十一の書店には民主主義の手触りが確かにあった。ひとりである自分を肯定し力づけてくれる、それが書店という場所だと思う。

本書の長い原稿を提出したのは、明日から師走という日の夜だった。地面を這うようにして何度も書き直す作業を経たものがゲラになったときほどうれしいものはない。ゲラの到着を楽しみに待っていた十二月のある日、装画の打ち合わせに来ませんか、と編集者から誘いを受けた。自著の装丁をしてくださる方々にお会いするのは初めての経験だ。

いそいそと出かけていくと、イラストレーターの小池アミイゴさんは日頃から各地の書店を訪ねていらして、あっという間に核心を摑《つか》んでくださった。デザイナーの櫻井久さん、鈴木香代子さんの三人が、それぞれの頭にぼんやりと浮かびかけているイメージを手探りするセッションは、文字を書きつけた紙の束が本という形になって立ち現れる直前に居合わせているような思いのする場面だった。事務所を出て、クリスマス直前のライトアップに彩られた夕暮れの原宿を、クリスマスプレゼントを受け取ったような気持ちで歩いた。「手元に置いておきたい本」を目指す光文社ノンフィクション編集部樋口健編集長に、企画立案から、「本」という美しいプロダクトが生まれるまでの全ての行程をお世話になりました。ありがとうございました。

二〇二四年二月

三宅玲子

参考文献

久禮亮太『スリップの技法』苦楽堂　二〇一七年
永江朗『私は本屋が好きでした　あふれるヘイト本、つくって売るまでの舞台裏』
　太郎次郎社エディタス　二〇一九年
奈良敏行　田中淳一郎『街の本屋はねむらない』アルメディア　一九九七年
三砂慶明編『本屋という仕事』世界思想社　二〇二二年
濱崎洋三『伝えたいこと　濱崎洋三著作集』定有堂書店　一九九八年
佐藤友則　島田潤一郎『本屋で待つ』夏葉社　二〇二二年
大井実『ローカルブックストアである　福岡ブックスキューブリック』晶文社　二〇一七年
佐野眞一『だれが「本」を殺すのか』プレジデント社　二〇〇一年
ブックオカ編『本屋がなくなったら、困るじゃないか　11時間ぐびぐび会議』西日本新聞社　二〇一六年
辻山良雄『本屋、はじめました　増補版　新刊書店 Title の冒険』ちくま文庫　二〇二〇年
竹田信弥　田中佳祐『読書会の教室　本がつなげる新たな出会い　参加・開催・運営の方法』晶文社　二〇二一年
レイモンド・マンゴー『就職しないで生きるには』中山容訳　晶文社　一九九八年
ヘレナ・ノーバーグ・ホッジ『ラダック　懐かしい未来』
　『懐かしい未来』翻訳委員会訳　山と溪谷社　二〇〇三年
田尻久子『猫はしっぽでしゃべる』ナナロク社　二〇一八年

田尻久子『みぎわに立って』里山社　二〇一九年
田尻久子『橙書店にて』晶文社　二〇一九年
田尻久子　川内倫子＝写真『橙が実るまで』スイッチ・パブリッシング　二〇二二年
渡辺京二『気になる人』晶文社　二〇一五年
稲泉連『「本をつくる」という仕事』ちくま文庫　二〇二〇年
稲泉連『復興の書店』小学館文庫　二〇一四年

＊本書は、「ニッポンドットコム」（https://www.nippon.com/ja/）の連載「たたかう『ニッポンの書店』を探して」（2019年10月30日〜2021年11月5日更新）を、単行本化に際し、全面的に改稿したものです。取材で訪ねた十四の書店のうち、十一店に再取材をして執筆しました。連載の場を授けてくださった手嶋龍一さん、野嶋剛さん、持田譲二さんにお礼を申し上げます。鳥取大学医学部附属病院広報誌『カニジル』編集長田崎健太さんと朝日新聞鳥取総局長角谷陽子さん（当時）、「Business Insider Japan」野田翔さん、「プレジデントオンライン」編集長星野貴彦さんと澤田明さんに、鳥取の書店の歴史を取材する機会を与えていただきました。併せてお礼を申し上げます。

本屋《ほんや》のない人生《じんせい》なんて

二〇二四年 三月三〇日 初版第一刷発行

著者 三宅《みやけ》玲子《れいこ》
編集 樋口 健
組版・印刷所 堀内印刷
製本所 ナショナル製本
発行者 三宅貴久
発行所 株式会社光文社
〒一一二-八〇一一
東京都文京区音羽一-一六-六
電話
〇三-五三九五-八一七二（ノンフィクション編集部）
〇三-五三九五-八一一六（書籍販売部）
〇三-五三九五-八一二五（業務部）
メール
non@kobunsha.com
落丁本・乱丁本は業務部へ
ご連絡くだされば、お取り替えいたします。

ISBN978-4-334-10264-7